Veronika Pichl

Meal Prep

Gesunde Mahlzeiten vorbereiten, mitnehmen und Zeit sparen

Veronika Pichl

Meal Prep

Gesunde Mahlzeiten vorbereiten, mitnehmen und Zeit sparen

riva

Bibliografische Information der Deutschen Nationalbibliothek
Die Deutsche Nationalbibliothek verzeichnet diese Publikation in der Deutschen Nationalbibliografie. Detaillierte bibliografische Daten sind im Internet über https://dnb.de abrufbar.

Für Fragen und Anregungen
info@m-vg.de

Wichtiger Hinweis
Ausschließlich zum Zweck der besseren Lesbarkeit wurde auf eine genderspezifische Schreibweise sowie eine Mehrfachbezeichnung verzichtet. Alle personenbezogenen Bezeichnungen sind somit geschlechtsneutral zu verstehen.

Originalausgabe
8. Auflage 2025

Türkenstraße 89
80799 München
Tel.: 089 651285-0

Redaktion: Caroline Kazianka
Umschlaggestaltung: Manuela Amode
Umschlagabbildungen: VICUSCHKA/Shutterstock.com, Tatiana Vorona/Shutterstock.com,
Elena Veselova/Shutterstock.com, Losangela/Shutterstock.com
Satz: ZeroSoft, Timisoara; Andreas Linnemann
Druck: Florjancic Tisk d.o.o., Slowenien
Printed in the EU

ISBN Print 978-3-7423-0353-0
ISBN E-Book (EPUB, Mobi) 978-3-95971-857-8

Wir produzieren nachhaltig
www.m-vg.de

Weitere Informationen zum Verlag finden Sie unter
www.rivaverlag.de
Beachten Sie auch unsere weiteren Verlage unter www.m-vg.de

Inhalt

Mit Meal Prep mehr Zeit für die schönen Dinge ...

Beruf, Freizeit oder Haushalt – Stress macht sich heutzutage in fast allen Lebensbereichen breit. Zu wenig Zeit für Hobbys, Freunde, Familie oder einfach mal zum Entspannen sind da oft die Folgen. Und auch unsere Gesundheit leidet auf Dauer unter chronischem Stress und Zeitmangel. Im anstrengenden Berufsalltag findet letztlich kaum jemand Zeit dafür, wirklich acht auf seinen Körper zu geben.

Wie auch? Schließlich fehlt die Zeit oft an allen Ecken und Enden, wir greifen zu schnellen Snacks, Kantinengerichten, und es bleibt kaum noch Freiraum für Sport oder Bewegung an der frischen Luft. Und selbst, wenn es einmal nicht an Zeit fehlt, sind oft Antriebslosigkeit und mangelnde Motivation Grund dafür, zu schneller, ungesunder Kost zu greifen und den Tag vor dem Fernseher anstatt bei einem Spaziergang verstreichen zu lassen.

Klar, dass das auf Dauer nicht nur belastend für unseren Körper, sondern auch für unsere Seele ist. Denn: Einmal davon abgesehen, dass eine dauerhafte Überproduktion der Stresshormone Adrenalin und Noradrenalin, wie sie durch stetigen Zeitdruck ausgelöst werden kann, unserem Herz-Kreislauf-System schadet, sorgt auch eine unausgewogene Ernährung für zusätzliche gesundheitliche Probleme und steigert unsere Motivations- und Antriebslosigkeit.

Doch wie soll mehr Zeit für Bewegung, eine ausgewogene Ernährung und die wirklich wichtigen Dinge des Lebens freigeschaufelt werden? Schließlich arbeiten und »funktionieren« wir doch schon, so effizient es eben geht – oder etwa nicht?

Die Lösung liegt hier näher, als viele vielleicht denken, und hat einiges mit einer Weisheit des chinesischen Philosophen Konfuzius zu tun. »**In allen Dingen hängt der Erfolg von den Vorbereitungen ab.**«

Und genau darauf setzt Meal Prep: auf optimale Vorbereitung

Die clevere Planung und Vorbereitung unserer Mahlzeiten hilft uns dabei, im Alltag wertvolle Zeit einzusparen und uns so öfter einmal den schönen Dingen des Lebens widmen zu können.

Zusätzlich ist Meal Prep ein einfacher, aber idealer Weg, um genauer auf das zu achten, was wir essen. So tun wir gleichzeitig unserem Körper etwas Gutes, und es fällt viel leichter, für eine optimale Nährstoff- und Kalorienzufuhr zu sorgen und außerdem auch bewusster und ohne Hektik zu essen – und das macht sich schon bald durch deutlich mehr Fitness, Power und Motivation bemerkbar!

Und genau darum soll dieses Buch nicht nur Meal-Prep-Anfänger dabei unterstützen, gesunde und ausgewogene Mahlzeiten für die ganze Familie stressfrei und zeitsparend vorzubereiten. Es soll auch Tipps geben, worauf beim Einkauf zu achten ist, wie sich unzählige leckere Gerichte am besten vorbereiten und aufbewahren lassen, und zudem soll er mit vielen tollen Rezeptideen inspirieren – so ist es einfach, sich natürlich, gesund und ohne Fertiggerichte zu ernähren und zudem noch mehr Zeit für viele andere Dinge im Leben zu haben.

Was ist »Meal Prep« überhaupt?

Obwohl wir heute bestens darüber informiert sind, was eine gesunde Ernährung ausmacht und wie wichtig regelmäßige Bewegung, eine ausgewogene und ausreichende Nährstoffversorgung für unsere Gesundheit und unser Wohlbefinden sind, fällt es oft trotzdem schwer, diese Erkenntnisse im Alltag umzusetzen.

Hierfür ist, neben dem allgegenwärtigen Zeitmangel, auch die ständige Verfügbarkeit von ungesunden Snacks und schnellen Gerichten zum Mitnehmen verantwortlich. Zwar haben sich Kantinen, Fast-Food-Ketten und Restaurants an das wachsende Gesundheitsbewusstsein vieler Menschen angepasst – dennoch wissen wir nie ganz genau, was wirklich drinsteckt in den Fertigmahlzeiten. Und auch zu Hause, wenn die ganze Familie nach Feierabend noch versorgt werden soll, hilft uns das wenig weiter.

Und genau darum geht es bei Meal Prep!

Aus den englischen Begriffen »meal« (Mahlzeit) und »prep« für »preparation« (Vorbereitung) zusammengesetzt, steht der Begriff ganz einfach für das Vorbereiten oder Vorkochen von Mahlzeiten. Diese gut geplante Essensvorbereitung hilft dabei, Zeit zu sparen und auf eine gesündere, natürlichere Ernährung zu achten.

Modetrend Meal Prep?

Obwohl Meal Prep mittlerweile zum echten Instagram- und Food-Blogger-Trend geworden ist, verbirgt sich dahinter ganz bestimmt keine Modeerscheinung. Vor allem Sportler setzen schon seit langer Zeit auf die Vorteile einer gewissenhaften Mahlzeitenplanung und -vorbereitung.

Meal Prep wird z. B. im Bereich des Kraft- und Leistungssports schon seit Langem dazu genutzt, einen genauen Überblick über die Nährstoffzusammensetzung einzelner Mahlzeiten zu behalten und den Sportler während und nach dem Training mit all dem zu versorgen, was sein Körper braucht. Das steigert nicht nur Trainingserfolge, sondern stellt auch sicher, dass eine gesunde und optimal ausgewogene Mahlzeit immer dann greifbar ist, wenn sie gebraucht wird. Schließlich wollen sich Profiläufer, -schwimmer oder Bodybuilder ihre hart erarbeiteten Trainingserfolge nicht durch den Griff zu schnellen Fertigmahlzeiten ruinieren.

Doch nicht nur unter Sportlern erfreut sich Meal Prep großer Beliebtheit. Vielmehr stellt eine spezielle Form des

Mahlzeitenplanens und -vorbereitens nicht nur allgemein eine praktische Alltagserleichterung dar, sondern ist sogar eine echte japanische Tradition!

In Japan ist es nämlich üblich, ein abwechslungsreich zusammengestelltes Mittagessen in praktischen Boxen mit zur Arbeit, in die Schule oder auf Reisen mitzunehmen. Der dafür verwendete Name »Bento« beschreibt dabei kein spezielles Gericht, sondern meint allein die Zusammenstellung der Mahlzeit in einer transportablen Box mit mehreren Fächern (Buchtipp: *Bento für jeden Tag* von Makiko Itoh).

Die Bento-Tradition gibt es schon etwa seit dem 5. Jahrhundert. Ursprünglich ging es dabei zwar darum, seine Mahlzeiten bei Feldarbeit oder Jagd immer praktisch und griffbereit mit dabeizuhaben, aber auch heute noch sind Bento-Boxen in Japan weitverbreitet.

Obwohl hierbei Speisen generell jeden Morgen frisch zu- statt für mehrere Tage vorbereitet werden, haben die Ben-

to-Boxen dennoch den Vorteil, dass stets ein gesundes, dem eigenen Geschmack entsprechendes Mittagessen parat ist und zusätzlich auch die Portionsgröße leicht im Auge behalten werden kann. Zeitersparnis spielt bei der japanischen Meal-Prep-Version allerdings eher eine untergeordnete Rolle.

Unsere Meal-Prep-Rezepte: Einfach erklärt

Sowohl für Sportler und Fitnessfans als auch als klassische Bento-Variante hat das Planen und Vorbereiten von Mahlzeiten viele Vorteile. Während es bei Leistungssportlern meist darauf ankommt, ausreichend und nährstoffreich zu essen, steht bei der traditionellen japanischen Bento-Variante eher die ansprechende Zubereitung der Lieblingsspeise und eventuell auch die Kontrolle der Portionsgröße im Vordergrund. Die Zeitersparnis steht dabei im Hintergrund.

Und genau hier liegt der entscheidende Unterschied zu unseren leckeren Meal-Prep-Rezepten: Statt nur einen Vorteil im Auge zu behalten, sollen unsere Rezepte einfach alle Meal-Prep-Vorteile kombinieren. Schließlich sollen unsere Anregungen nicht nur dazu dienen, immer leckere und gesunde Lieblingsgerichte genießen zu können, sondern gleichzeitig auch noch jede Menge Zeit sparen.

Beim Meal Prep geht es darum, gesunde Gerichte aus frischen Zutaten vorzubereiten, sodass sie für uns immer dann griffbereit sind, wenn der Hunger kommt. So geht nicht unnötig viel Zeit damit verloren, zwei- oder sogar dreimal am Tag Mahlzeiten zuzubereiten. Auch lässt sich die Portionsgröße und Kalorienzufuhr pro Mahlzeit ganz individuell planen und kontrollieren. Das alles macht spontane Besuche im Fast-Food-Restaurant oder stressige Last-Minute-Lebensmitteleinkäufe überflüssig – und unterstützt vielleicht den einen oder anderen ganz nebenbei dabei, überflüssige Pfunde loszuwerden!

Übrigens: Als besonderes Extra kann Meal Prep auch beim Sparen helfen. Schließlich gehört zum cleveren Vorbereiten von Mahlzeiten auch sinnvolles und bedarfsgerechtes Einkaufen. Das wiederum heißt, dass nur die Lebensmittel ausgewählt werden, die wirklich benötigt und gegessen werden. So lassen sich kostspielige Spontankäufe und das Wegwerfen von Lebensmitteln viel besser vermeiden!

Meal Prep: Die Vorteile

Cleveres Planen und Vorkochen mehrerer Mahlzeiten spart nicht nur Zeit, sondern auch Geld – und kann zusätzlich beim Umstieg auf eine gesündere Ernährung oder im Rahmen einer Diät besonders hilfreich sein.

Stressfrei sparen

Wer sich für Meal Prep entscheidet, hat mehrere Möglichkeiten: Ganz nach Belieben können Mahlzeiten für die ganze Woche, für einige Tage oder auch nur Frühstück, Mittag- oder Abendessen für den nächsten Tag vorgekocht bzw. vorbereitet werden. Egal für welche Variante man sich entscheidet, eines haben sie alle gemeinsam: Sie sparen Zeit und Geld.

Schließlich werden selbst dann, wenn Mahlzeiten für fast eine ganze Woche vorbereitet werden, oft nur zwei bis drei Stunden dafür aufgewendet. Und auch das leidige Saubermachen muss nur einmal erfolgen – würden alle Mahlzeiten täglich frisch zubereitet werden, sieht das Ganze schon viel zeitintensiver aus.

Sucht man sich nun für die Mahlzeitenvorbereitung einen Tag aus, an dem alle etwas mehr Zeit haben, kann Meal Prep zum echten Familien-Event werden, bei dem auch Kinder gern mithelfen. Ruck, zuck stehen dann für den Rest der Woche leckere, gesunde und natürliche Mahlzeiten bereit, ohne dass abends nach der Arbeit hektisch und unter Zeitdruck gekocht werden muss.

Natürlich braucht es dazu etwas Planung. Aber auch das ist alles andere als ein Nachteil! Schließlich neigen wir bei geplantem und bewussterem Einkaufen viel weniger zu ungesunden Spontankäufen. Es wird also nur das gekauft, was wirklich benö-

tigt wird – das spart Geld und vermeidet das Wegwerfen von Lebensmitteln, die nicht verwendet werden und verderben.

Übrigens: Die vorbereiteten Meal-Prep-Gerichte sind natürlich nicht nur für zu Hause gedacht! Im Glas oder in geeigneten Aufbewahrungsbehältern lassen sie sich auch unterwegs oder in der Arbeit genießen – und sind so eine wunderbare Alternative für den auf Dauer kostspieligen Gang ins Restaurant oder die Kantine.

Einfach besser essen und Nährwerte im Blick

Mal ehrlich: Wir alle wissen, was passiert, wenn wir hungrig nach Hause kommen, nichts Gesundes in der Küche vorfinden oder es uns einfach an der Lust zum Kochen oder Einkaufen fehlt. Heißhungrig essen wir etwas Ungesundes, und davon oft auch noch zu viel – das gefährdet nicht nur die Ziele einer Diät, sondern ist auf Dauer ziemlich schädlich. Bei unseren vorbereiteten Mahlzeiten ist immer klar, was sie enthalten – keine Geschmacksverstärker und keine künstlichen Inhaltsstoffe. Außerdem lassen sich unnötige Kalorien vermeiden, die wir ansonsten achtlos in Form von Heißhunger-Snacks zu uns nehmen würden.

Durch das Vorportionieren sind Meal-Prep-Mahlzeiten auch optimale Diäthelfer! Denn die Menge lässt sich so festlegen, dass sie ideal zum eigenen Kalorienbedarf passt. So ist es einfach, den Überblick über die Kalorienmenge zu behalten, die über den Tag hinweg aufgenommen wird. Auch lässt sich der Kaloriengehalt selbst zubereiteter Speisen viel leichter ermitteln als der von Gerichten aus Kantine oder Restaurant.

Das Vorbereiten und Vorkochen für mehrere Tage bedeutet aber nicht, dass die täglichen Mahlzeiten dadurch langweilig und eintönig werden. Schließlich muss nicht jeden Tag das gleiche Gericht aufgetischt werden. Stattdessen können Meal-Prep-Gerichte im Gefrierfach oder Kühlschrank gut aufbewahrt und dann nach Lust und Laune verwendet werden.

Unser Meal-Prep-Einmaleins

Meal Prep ist die ideale Methode, um einen gesunden, bewussten Ernährungsstil zu leben, und reduziert gleichzeitig Kochstress und Küchenchaos. Ein paar einfache Tipps erleichtern dabei den Einstieg. Doch keine Angst: Als Meal-Prep-Anfänger muss niemand Unsummen in geeignete Gefäße, Boxen oder unbekannte Lebensmittel und Zutaten investieren. Am besten klappt der Start mit Meal Prep, wenn man das »Abenteuer« langsam und stressfrei angeht. Schließlich muss niemand gleich zu Beginn alle Mahlzeiten für eine ganze Woche vorbereiten und portionieren.

Fangen Sie stattdessen erst einmal mit nur einem Lieblingsgericht an, das für zwei oder drei Tage vorbereitet wird. So kommt die Lust, weitere gesunde Meal-Prep-Rezepte auszuprobieren, ganz von allein. Und die Vorteile, die es bringt, immer eine leckere, gesunde Mahlzeit im Haus zu haben, überzeugen dann von selbst.

Mit Meal Prep durchstarten – so klappt's

1. Einen Meal-Prep-Tag auswählen

Es ist auf jeden Fall gerade am Anfang sinnvoll, einen Tag für die Essensvorbereitung auszuwählen, an dem etwas mehr Freizeit zur Verfügung steht. Viele Meal-Prep-Fans bevorzugen darum das Wochenende dafür.

Nicht von Erfolg gekrönt ist meist der Versuch, Meal Prep an einem stressigen

Arbeitstag in den ohnehin schon vollen Zeitplan zu »quetschen«. Das wirkt oft demotivierend und lässt die Koch-Lust schnell schwinden.
Besser ist es darum, ein oder zwei entspanntere Tage auszuwählen – und das gemeinsame Kochen gerade auch für Kinder zum aufregenden Familien-Event zu machen.

2. Langsam starten

Für Meal-Prep-Einsteiger empfiehlt es sich, erst einmal mit nur einer Mahlzeit zu starten. Je nachdem, wofür im Alltag normalerweise am wenigsten Zeit zur Verfügung steht, kann das Frühstück, Mittag- oder auch Abendessen sein.
Ist die Entscheidung gefallen, geht es an die Auswahl des oder der Lieblingsrezepte. Gerade wenn zunächst nur ein Rezept für mehrere Mahlzeiten verwendet wird, kann es sinnvoll sein, die Gerichte nach dem Zubereiten und Portionieren einzufrieren. Schließlich möchte kaum jemand an zwei, drei oder mehr Tagen das gleiche Frühstück, Mittag- oder Abendessen zu sich nehmen.

3. Verantwortungsvolles Einkaufen

Steht einmal fest, was gekocht werden soll, ist der nächste Schritt das Erstellen einer Einkaufsliste. So unterstützen Sie sich dabei, nicht einfach irgendetwas zu kaufen, sondern viel verantwortungsvoller mit Nahrungsmitteln umzugehen. Schließlich gilt: Landet nur das im Korb, was auch wirklich gegessen wird, müssen später weniger bzw. keine Lebensmittel weggeworfen werden.
Die meisten Meal-Prep-Lebensmittel bekommen Sie einfach und unkompliziert im Supermarkt. Auch auf einem Wochenmarkt lassen sich in dem frischen regionalen Obst- und Gemüseangebot viele tolle Meal-Prep-Zutaten finden. Vorbeischauen lohnt sich darum auch hier.
Gerade Obst und Gemüse sind vielseitig zuzubereiten, und es reicht oft schon eine kleine Zutatenauswahl, um viele abwechslungsreiche Gerichte entstehen zu lassen. Und das oft sogar in nur einer Pfanne und mit wenigen Arbeitsschritten.

4. Die richtigen Meal-Prep-Behälter

Klar, wer mit Meal Prep startet, braucht zu Beginn kein umfangreiches Sammelsurium an Boxen und Gefäßen. Wer den Spaß am Vorbereiten aber erst einmal entdeckt hat, wird die praktischen Vorteile passender Boxen, Dosen und Gläser schnell nicht mehr missen wollen – die machen das Ganze nämlich noch mal komfortabler!

Obwohl am Anfang eine klassische Lunchbox aus Plastik oder sogar ein ausgedienter Speiseeisbehälter völlig ausreichend sind, um Mahlzeiten portioniert aufzubewahren, sind mikrowellengeeignete Gefäße, die sich bestenfalls auch noch platzsparend in Kühlschrank oder Tiefkühler stapeln lassen, natürlich besser und praktischer. Gut geeignet sind hierfür Gefäße aus Glas, da sie weder im Kühlschrank noch in der Mikrowelle Schaden nehmen. Allerdings sind sie aufgrund ihres Eigengewichts und der durchaus vorhandenen Bruchgefahr nicht unbedingt ideal für den Transport. Wer seine vorbereiteten Mahlzeiten also öfter auch unterwegs genießen möchte, sollte besser auf tiefkühl- und mikrowellengeeignete Plastikgefäße setzen.

Übrigens: Für Meal-Prep-Profis gibt es auch spezielle Boxen, in denen verschiedene Lebensmittel in getrennten Fächern aufbewahrt werden. So kann man beispielsweise Salat und Putenbrust erst dann mischen, wenn man das Gericht auch verzehren möchte.

Tipp: Auch Silikon-Muffinförmchen eignen sich sehr gut zum Abtrennen von verschiedenen Gerichtkomponenten.
Selbstverständlich muss es nicht immer gleich eine Profi-Box sein – sinnvoll ist aber auf jeden Fall, zusätzlich kleine Boxen oder verschließbare Glasgefäße griffbereit zu haben, um beispielsweise Dressing oder Soßen getrennt von anderen Zutaten aufbewahren oder mitnehmen zu können.

5. Richtig aufbewahren

Natürlich sind auch Meal-Prep-Gerichte nicht ewig haltbar. Gut gekühlt können die zubereiteten Mahlzeiten meist einige Tage aufbewahrt werden.
Sie sollten jedoch unbedingt darauf achten, Lebensmittel nicht zu lange im Warmen stehen zu lassen und sie möglichst bald nach der Zubereitung (wichtig: vorher komplett auskühlen lassen) im Kühlschrank zu lagern – so haben Schimmel und Krankheitserreger kaum Chancen.
Als Regel gilt: Gerichte aus gekochten oder gebratenen Lebensmitteln können meist problemlos drei bis vier Tage im Kühlschrank aufbewahrt werden (Ausnahme: Fisch!). Für eine noch längere Haltbarkeit empfiehlt es sich, sie einzufrieren.
Gerichte aus frischen, rohen Lebensmitteln sollten hingegen zeitnah innerhalb von zwei bis drei Tagen nach ihrer Zubereitung verzehrt werden. Zum Einfrieren sind diese Gerichte meist weniger gut geeignet.

Besonders gut einfrieren lassen sich:

- Fleisch
- Eintöpfe und Aufläufe
- Brot
- Reis
- Früchte und Gemüse: Bananen, Beeren, Spargel, Bohnen, Mais und Tomaten
- Früchte und Gemüse (am besten in Stücken): Avocado, Ananas, Mango, Erbsen, Karotten, Blumenkohl und Brokkoli
- Kräuter

Weniger gut einfrieren lassen sich:

- Milchprodukte
- Gekochte, nicht pürierte Kartoffeln
- Früchte und Gemüse mit hohem Wasseranteil

Was hält sich wie lange?

Die folgende Tabelle gibt Ihnen einen Anhaltspunkt dafür, wie lange Sie vorbereitete Speisen im Kühlschrank oder in der Tiefkühltruhe aufbewahren können.

Lebensmittel	Hält sich im Kühlschrank für ...	Hält sich im Gefrierfach für ...
Gekochte/gebratene Fleischprodukte	3–5 Tage	4–6 Monate
Eintöpfe oder Suppen	3–4 Tage	2–3 Monate
Gekochte/gebratene Geflügelprodukte	3–4 Tage	4–6 Monate
Gekochte/gebratene Fischgerichte	1–2 Tage	4–6 Monate
Hart gekochte Eier	1 –2 Wochen	Einfrieren nicht empfohlen
Brot/Brötchen		4–6 Monate

Diese Tabelle enthält Richtwerte, die variieren können. Gerade beim Einfrieren ist es gut möglich, dass sich das Gericht noch viel länger hält. Allerdings kann es durch eine lange Gefrierzeit eventuell etwas an Geschmack verlieren.

Tipps zum Einfrieren

- Mahlzeiten, die im Ofen zubereitet werden, frieren Sie am besten in Glas- oder Aluminiumbehältern ein, so können sie vom Gefrierfach direkt in den Ofen wandern.

- Soll etwas nur kurze Zeit eingefroren werden, können Sie es auch in Plastikfolie verpacken.
- Mahlzeiten, die für längere Zeit eingefroren werden sollen, sind am besten in Alufolie oder speziellen Gefrierbeuteln aufgehoben.
- Lagern Sie frische Gerichte im hinteren Teil des Gefrierfachs – so rücken ältere Gerichte nach vorne und geraten nicht in Vergessenheit.
- Die vorbereitete Mahlzeit mit Einfrierdatum und Inhalt beschriften, z. B. mithilfe von abziehbaren Etiketten – so ist immer klar, was in dem Behälter oder Beutel steckt, und die maximale Einfrierdauer wird nicht überschritten.
- Warme Speisen vor dem Einfrieren erst vollständig abkühlen lassen.
- Frieren Sie Speisen vorzugsweise bereits portioniert ein; so können Sie dann nur das auftauen, was Sie brauchen.

Tipps zum Auftauen

- Gefrorene Gerichte, die im Topf zubereitet werden, antauen lassen. So passt die Portion besser in den Topf und gart gleichmäßig.
- Gerichte, die im Ofen zubereitet werden, müssen nicht zwingend aufgetaut werden, bevor sie in den Ofen wandern. Zur Sicherheit sollte der Garprozess jedoch beobachtet und die Garzeit eventuell entsprechend verlängert werden.
- Gefrorene Lebensmittel nicht bei Zimmertemperatur, sondern über Nacht im Kühlschrank oder alternativ in der Mikrowelle auftauen lassen.

Extratipp: Avocadohälften aufbewahren

Wenn eine Avocadohälfte nicht verwendet wird, bewahren Sie diese am besten auf, ohne den Kern zu entfernen. Träufeln Sie noch etwas Zitronensaft über das Fruchtfleisch, bedecken Sie die Avocado mit Frischhaltefolie und lagern sie im Kühlschrank.

Auf das Schichten kommt es an!

Wer frisches Obst und Gemüse verarbeitet, sollte beim Portionieren in Glas oder Box anders vorgehen als beim Anrichten auf dem Teller! Ansonsten wird das Gericht schnell matschig und unansehnlich. Darum gilt: Dressing kommt grundsätzlich ganz nach unten. Dann dürfen Zutaten hinein, die wenig Flüssigkeit abgeben (Kartoffeln, Hülsenfrüchte). Erst danach folgen frisches Obst, Gemüse oder Salat.

Die Zusammenstellung der Mahlzeiten

Jeder hat natürlich andere Ernährungsziele. Sportler wollen sich möglicherweise sehr proteinreich oder auch kohlenhydratreich ernähren – beim Abnehmen liegt der Fokus eher auf der Portionsgröße oder der Menge an Kalorien oder Kohlenhydraten. Flexitarier essen hauptsächlich vegetarisch und nur sehr wenig und bewusst Fleisch und Fisch.
Hier finden Sie einen groben Überblick über Meal-Prep-Nahrungsmittel für eine ausgewogene Ernährung mit den drei Makronährstoffen Protein, Kohlenhydrate und Fette. Daraus lassen sich vielfältige Kombinationen passend zu Ihrem persönlichen Ernährungsziel zusammenstellen.

Protein

von Tieren:

- Fleisch (Schwein, Rind, Pute, Hähnchen)
- Wurst (Schinken …)
- Fisch (Lachs, Thunfisch, Seelachs …)
- Krabben, Shrimps
- Eier
- Milchprodukte (Milch, Quark, Käse, Feta …)

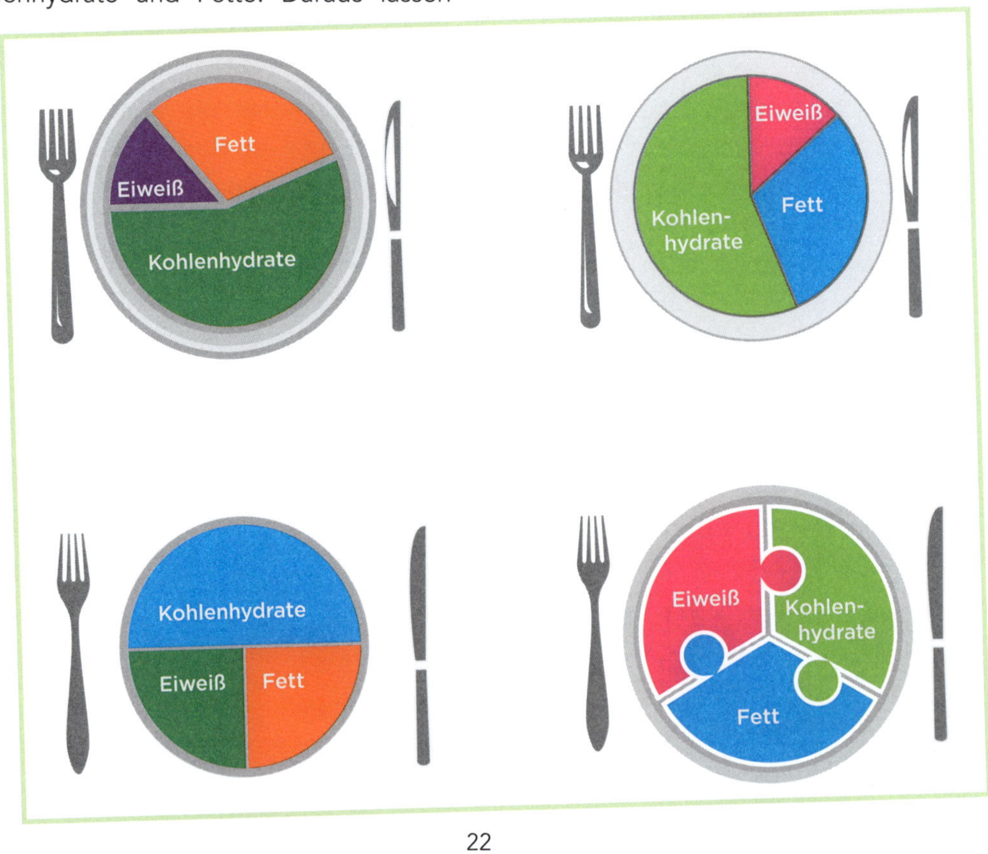

von Pflanzen:

- Bohnen (Kidney-, weiße Bohnen ...)
- Tofu
- Tempeh

Kohlenhydrate

Getreide:

- Mehl (Dinkel, Weizen ...)
- Brot, Semmeln
- Haferflocken
- Couscous, Bulgur
- Reis
- Nudeln

  Alle Getreideprodukte möglichst als Vollkornprodukt verwenden. Enthält viele Ballaststoffe und sättigt dadurch länger.

Pseudo-Getreide:

- Buchweizen, Quinoa, Amarant
- Obst und Gemüse

Gesunde Fette

- Öle (Kokosöl, Olivenöl)
- Nüsse, Kerne und Saaten (Mandeln, Erdnüsse, Kürbiskerne, Sonnenblumenkerne ...)
- Nussbutter und -mus (Mandelmus, Erdnussbutter ...)
- Nussmilch
- Avocado, Oliven
- Eigelb
- Käse

Beim Meal Prep sind der Fantasie keine Grenzen gesetzt. Probieren Sie einfach etwas aus und entdecken Sie so Ihr persönliches Lieblingsgericht.
Zu jedem Rezept finden Sie Tipps für Kombinationen, zur Aufbewahrung und die Angabe der Nährwerte.
Im Praxisteil erwarten Sie unterschiedliche Meal-Prep-Pläne zum Nachmachen und als Anregung für eigene Zusammenstellungen.

Praxisteil: Jetzt geht's los!

In diesem Abschnitt zeige ich Ihnen in abwechslungsreichen Wochenplänen, wie Meal Prep in der Praxis funktioniert. Auf www.gomealprep.de können Sie sich weitere Pläne zu den Rezepten aus diesem Buch herunterladen. Dort finden Sie außerdem Empfehlungen zu den richtigen Aufbewahrungsboxen und eine Wochenplan-Vorlage.

Welcher Meal-Prep-Typ bin ich?

Faktor Zeit

Meal Prep bietet viele Vorteile, unter anderem auch Zeitersparnis. Man muss nicht so oft einkaufen und täglich lange am Herd oder Backofen stehen.
Zunächst sollten Sie sich fragen, wie Sie Meal Prep in Ihren Alltag integrieren möchten.

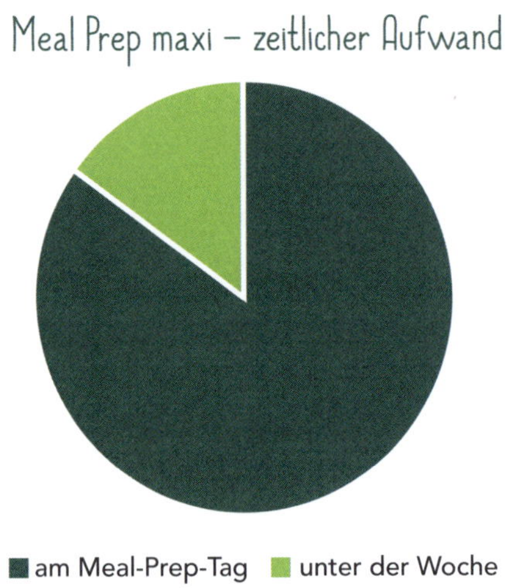

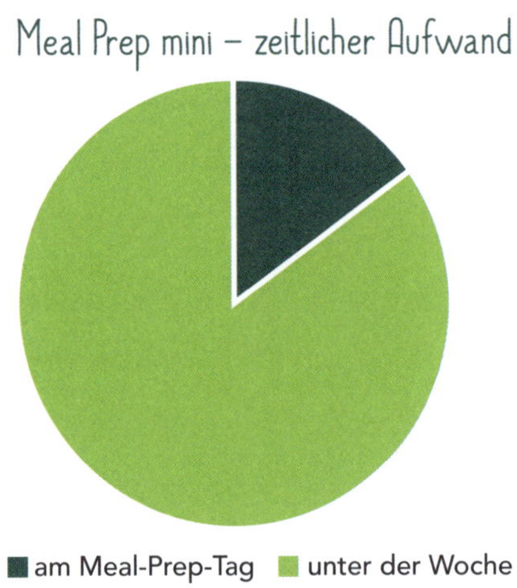

Die Meal-Prep-Arten mit Vor- und Nachteilen

Meal Prep mini

Vorteile:

- Es ist weniger Vorplanung nötig, da nur eine Mahlzeit pro Tag ersetzt wird, z. B. Frühstück oder Abendessen.
- Am Meal-Prep-Tag muss weniger Zeit in die Zubereitung investiert werden.
- Sie müssen nicht so häufig einkaufen.
- Sie sind bei den Mahlzeiten flexibler, können auch mal Spontankäufe

nach Lust und Laune tätigen (z. B. frische Erdbeeren oder doch lieber Nudeln anstatt Reis).

Nachteile:

- Für die Zubereitung der Mahlzeiten muss unter der Woche mehr Zeit investiert werden, Sie müssen also öfter kochen.
- Sie müssen öfter einkaufen und laufen Gefahr, eher ungesunde Spontaneinkäufe zu tätigen.
- Ohne Vorplanung verfällt man schnell in alte Muster und kauft dann z. B. doch schnell mal einen Döner, anstatt selbst zu kochen.

Meal Prep maxi

Vorteile:

- Sie müssen unter der Woche nicht so häufig einkaufen.
- Der Großteil der Gerichte ist bereits vorbereitet, so sparen Sie viel Zeit unter der Woche in der Küche.
- Ein bestimmtes Ernährungsziel zu verfolgen ist leichter (z. B. abnehmen, gesünder essen).
- Sie vermeiden Spontaneinkäufe von Fast Food oder ungesunden Snacks, weil das Essen bereits vorbereitet ist und Sie nicht erst kochen müssen.

Nachteile:

- Für die Zubereitung am Meal-Prep-Tag brauchen Sie mehr Zeit.
- Sie müssen mindestens einen Großeinkauf tätigen.
- Sie müssen gut planen.
- Sie sind weniger flexibel bei den Mahlzeiten, da die Gerichte bereits vorbereitet sind.

Die Diagramme auf S. 24 bilden schematisch den Zeitaufwand für die jeweilige Meal-Prep-Art ab.

Finden Sie zwischen Meal Prep mini und Meal Prep maxi den Weg, der für Sie machbar ist und zu Ihrem Lebensstil passt.

Die wichtigsten Punkte für Ihre Planung

Mit etwas Übung wird man schnell zum Könner – langsam starten!

Damit Sie sich mit der Planung nicht gleich überfordern, sollten Sie mit einer Mahlzeit beginnen. Wenn Sie z. B. morgens keine Zeit haben, ein Frühstück vorzubereiten, oder sich lieber etwas zum Frühstück in die Arbeit mitnehmen, dann starten Sie mit dem Frühstück! Haben Sie abends keine Zeit und Lust zu kochen und greifen deswegen immer zur schnellen, aber oft auch ungesunden Lösung? Dann starten Sie mit dem Abendessen!

Planung ist alles

- Suchen Sie sich Ihre Rezepte aus, notieren Sie die entsprechenden Seitenzahlen und schreiben Sie Ihre Einkaufsliste.

- Wählen Sie einen Termin für Einkauf und Vorbereitung der Speisen. Unsere Empfehlung, die Sie natürlich jederzeit Ihrem Alltag anpassen können, ist: Einkauf am Samstag und Zubereitung der Speisen am Sonntag. Machen Sie daraus eine neue Routine mit Ihrem Partner oder Ihrer Familie. Gemeinsam Kochen macht Spaß! Falls Sie ein Gefrierfach zur Verfügung haben, können Sie alle Zutaten an einem Tag vor dem Meal-Prep-Tag einkaufen. Sollte Ihr Meal-Prep-Tag kein Sonntag sein, können Sie natürlich auch das Einkaufen und Vorbereiten am gleichen Tag erledigen. Wenn Sie frisches Obst, Gemüse und Salat verwenden und auch keine Gefriertruhe zur Verfügung haben, sollten Sie mindestens einen weiteren Einkauf unter der Woche einplanen.
- Schreiben Sie sich anfangs einen Plan in Stichpunkten, was Sie wann erledigen sollten. Auch dazu finden Sie hier im Praxisteil ausführliche Übersichten.
- Machen Sie sich in Ihrem Kalender eine kurze Notiz, wann Sie z. B. eine Mahlzeit zum Auftauen aus dem Gefrierfach nehmen oder die Overnight Oats für den nächsten Tag ansetzen sollten. So sind Sie immer gut organisiert!

Behälter und Aufbewahrung vorbereiten:

- Machen Sie sich schon vorab Gedanken darüber, in welche Behälter Sie die Speisen füllen möchten.
- Sorgen Sie dafür, dass Einmachgläser, Küchenbehälter etc. keine Rückstände enthalten, denn dadurch können abgefüllte Speisen schneller verderben.
- Legen Sie sich Gefrierbeutel, Küchenbehälter, Gläser etc. griffbereit zurecht.

Kühlschrank oder Gefrierfach

- Bitte lesen Sie die generellen Hinweise zur Aufbewahrung in Kühlschrank und Gefrierfach auf S. 19–21 durch.
- Überlegen Sie sich anhand des Plans, was Sie als Erstes essen möchten, das Sie dann nur im Kühlschrank lagern müssen, und was Sie in die Gefriertruhe geben sollten.
- Mit einem Gefrierfach kann man eine Meal-Prep-Woche besser abdecken. Für alle, die »nur« einen Kühlschrank zur Verfügung haben, empfehle ich mindestens einen weiteren Einkauf-/Meal-Prep-Tag gegen Mitte der Woche. Die Mahlzeiten könnten sonst verderben oder stark an Geschmack und Frische verlieren.

Die Pläne zeigen Beispiele für Mini- bis Maxi-Meal-Prep. Fangen Sie langsam mit dem Ersetzen einer Mahlzeit an – schon bald können Sie anspruchsvolle Meal-Prep-Pläne anwenden und selbst clever kombinieren.

Einige Grundzutaten sollten Sie bereits in Ihrer Küche vorrätig haben:

- Gewürze nach Belieben wie Salz, Pfeffer, Paprikapulver, Chilipulver oder -flocken, Currypulver, Zimt
- getrocknete Kräuter nach Belieben wie Kräuter der Provence, Oregano, Basilikum, Rosmarin
- Essig oder Apfelessig
- Öl, z. B. Olivenöl, Pflanzenöl
- Süßungsmittel nach Wahl, z. B. Honig, Agavendicksaft, Vollrohrzucker, Xylit, Erythrit
- Kakaopulver
- Backpulver
- Vanillepulver

Meal-Prep-Wochenpläne

Die ersten 4 Wochenpläne sind teilweise sehr ausführlich mit Bedarfslisten und zeitlichem Ablauf, damit Sie einen Blick für das Wesentliche bekommen. Wie plane ich die Woche richtig? Welche Rezepte kann ich gut kombinieren? Welche Vorbereitungen kann ich zusammenlegen, z. B. Reis oder Quinoa kochen, Ofengemüse zubereiten. Wie kann ich die Backzeit eines Gerichts sinnvoll ausnutzen? Wann muss ich einen Zwischeneinkauf oder weiteren Meal-Prep-Tag einbauen, wenn ich z. B. kein Gefrierfach zu Hause habe?

Danach sollten Sie in der Lage sein, die Wochenpläne 5–10 mit unseren Mahlzeitenvorschlägen selbstständig an Ihre Bedürfnisse angepasst durchzuführen oder auch eigene Pläne zusammenzustellen. Dabei hilft Ihnen auch noch die Rezeptübersicht ab S. 154 am Ende des Praxisteils.

In den einzelnen Plänen gehen wir auf verschiedene Voraussetzungen ein, z. B. wie man eine 5-Tage-Arbeitswoche mit Mahlzeiten abdeckt, wenn man mittags nur kalte Gerichte oder Salate mitnehmen kann, weil keine Aufwärmmöglichkeit zur Verfügung steht.

Die Mahlzeiten sind abwechslungsreich geplant, damit man nicht fünfmal in der Woche die gleichen Gerichte essen muss. Unter der Woche sind dann nur noch ein paar letzte Handgriffe nötig, wie die Beeren auf die Oats zu geben oder das Erwärmen der Mahlzeit. Die Pläne reichen von einfachen (kurze Meal-Prep-Zeit) bis zu aufwendigeren Kombinationen (längere Meal-Prep-Zeit).

Viel Spaß und Erfolg beim Nachkochen!

Zum Umgang mit diesem Buch

Bei jedem Rezept finden Sie Nährwertangaben:

- Kcal steht für Kilokalorien,
- KH für Kohlenhydrate,
- F für Fett,
- P für Protein.

Außerdem sind vegetarische und glutenfreie Rezepte mit den folgenden Symbolen übersichtlich gekennzeichnet:

vegetarisch
vegan
glutenfrei

Glutenfrei: Bitte achten Sie bei Ihren Produkten immer auf das Etikett, besonders bei Schokolade, Käse, Gemüsebrühe, Kakaopulver, Gewürzen etc. Auch wenn diese Zutaten meist frei von Gluten sind, können von den Herstellern bestimmte Zusätze verwendet werden, die nicht glutenfrei sind.

Vegetarisch: Parmesan ist streng genommen nicht vegetarisch, da er aus tierischem Lab gewonnen wird. Die Rezepte auf S. 112, S. 117 und S. 119, in denen Parmesan verwendet wird, sind als vegetarisch gekennzeichnet – wer auf diesen verzichten möchte, lässt ihn einfach weg oder ersetzt ihn durch eine vegetarische oder vegane Alternative.

Wochenplan 1

Vorhaben und Voraussetzungen

- Wir starten langsam und ersetzen 6 Tage lang das Frühstück.
- Ein Gefrierfach steht zur Verfügung.

Samstag	Planung für die Woche und Einkauf
Sonntag	Meal-Prep-Tag (S. 35)
Montag	2 Portionen Johannisbeer-Granola (S. 31/32) in warmer Milch/ Kakao (200 ml)
Dienstag	3 Johannisbeer-Granola-Cookies (S. 31/32) zum Milchkaffee
Mittwoch	Erdbeer-Bananen-Smoothie (S. 33) *Aktion am Verzehrtag:* *Erdbeer-Bananen-Smoothie-Päckchen aus dem Gefrierfach nehmen, evtl. kurz antauen lassen. Zusammen mit 150 ml Milch frisch aufmixen.*
Donnerstag	2 Portionen Johannisbeer-Granola (S. 31/32) in warmer Milch/ Kakao (200 ml)
Freitag	3 Johannisbeer-Granola-Cookies zum Milchkaffee
Samstag	Himbeer-Haferflocken-Smoothie (S. 34) *Aktionen am Verzehrtag:* *Himbeer-Haferflocken-Smoothie-Päckchen aus dem Gefrierfach nehmen, evtl. kurz antauen lassen. Zusammen mit 250 ml Milch frisch aufmixen.* *Abends:* *Himbeeren zum Auftauen in den Kühlschrank legen.*
Sonntag	2 Portionen Johannisbeer-Granola (S. 31/32) mit Joghurt (100 g) und Himbeeren (75 g) *Aktion am Verzehrtag:* *Granola in Joghurt einrühren. Himbeeren wahlweise aufgetaut über das Granola geben oder in der Mikrowelle oder im Topf kurz erwärmen.*

→

Hört sich eintönig an? Fast immer etwas mit Haferflocken … Überlegen Sie mal, wie abwechslungsreich Sie frühstücken. Bei den meisten ist es täglich fast das Gleiche: Brot mit Marmelade oder die Butterbreze zum Kaffee. Mit Haferflocken, Milch (oder Milchalternative) und Obst starten Sie mit Power in den Tag.

Bedarfsliste

- ☐ 200 g Johannisbeeren
- ☐ 3 Bananen
- ☐ 220 g Erdbeeren
- ☐ 200 g Himbeeren
- ☐ 120 g Apfelmus ungesüßt
- ☐ 800 ml Milch oder Milchalternative + Extra für Milchkaffee
- ☐ 100 g Joghurt
- ☐ 150 g zarte Haferflocken
- ☐ 100 g kernige Haferflocken
- ☐ 10 ml flüssiges Kokosöl
- ☐ 60 ml + 2 EL Agavendicksaft oder Süßungsmittel nach Wahl
- ☐ 1 TL Zimt
- ☐ Kakaopulver (wenn man statt Milch lieber Kakao zum Granola möchte)

Die Rezepte der Woche

Johannisbeer-Granola + Granola-Cookies

4 Portionen Granola (1 Portion = 60 g) + 6 Cookies
Pro Portion Granola oder 1 Cookie:
124 kcal/2,5 g F/21,1 g KH/3,1 g P

200 g rote Johannisbeeren
100 g zarte Haferflocken
100 g kernige Haferflocken
120 g Apfelmus ungesüßt (alternativ: Apfelkompott S. 72)
60 ml Agavendicksaft
10 ml flüssiges Kokosöl, nativ
1 TL Zimt
1 reife Banane

1. Backofen auf 150 °C Umluft vorheizen.
2. Johannisbeeren waschen, verlesen, Beeren vom Stiel zupfen und in einem Sieb abtropfen lassen.
3. Haferflocken und Apfelmus in einer Schüssel mischen.
4. In einer separaten Schüssel Agavendicksaft, Kokosöl sowie Zimt verrühren, dann zu den Haferflocken geben.
5. Johannisbeeren unterheben.
6. Die Hälfte der Haferflocken-Johannisbeer-Mischung auf ein mit Backpapier ausgelegtes Backblech streichen (dabei Platz für die Cookies lassen).
7. Banane schälen und in einem tiefen Teller mit einer Gabel zerdrücken.
8. Die restliche Haferflocken-Johannisbeer-Mischung mit der Banane mischen und daraus 6 Cookies formen und auch auf das Backblech setzen. →

9. Das Backblech ca. 20 Min. in den Ofen schieben. Das Granola während der Backzeit immer wieder wenden, damit es gleichmäßig knusprig wird. Die Cookies nach ca. 10 Min. Backzeit wenden.

Tipps und Aufbewahrung

Dieses Granola lässt sich beliebig variieren. Man kann es auch ohne oder mit anderen Beeren zubereiten oder stattdessen Nüsse, Saaten, Kokoschips oder -raspel und vieles mehr untermischen.
Granola in ein Metall- oder Glasgefäß füllen, damit es schön knusprig bleibt. Kühl gelagert ist es ca. 1–2 Wochen haltbar.
Die Cookies kühl aufbewahren und innerhalb von 5 Tagen verzehren.

Erdbeer-Bananen-Smoothie

1 Portion

Pro Portion: 326 kcal/3,4 g F/60,5 g KH/8,4 g P

220 g Erdbeeren
1 mittelgroße Banane
1 EL Agavendicksaft
150 ml fettarme Milch oder pflanzliche Alternative, z. B. Mandelmilch

1. Erdbeeren waschen, trocken tupfen, klein schneiden.
2. Banane schälen, in Scheiben schneiden und zusammen mit den Erdbeeren in eine verschließbare Aufbewahrungsbox geben, mit Agavendicksaft beträufeln und einfrieren.
3. Vor dem Verzehr mit Milch oder Milchalternative in einem Mixer zu einem Smoothie verarbeiten.

Tipps und Aufbewahrung

Falls kein Gefrierfach zur Verfügung steht, nur die Erdbeeren vorbereiten, im Kühlschrank lagern und die Banane, Süße und Milch frisch dazumixen.
Wer möchte, kann noch 50 g Haferflocken hinzufügen.

Himbeer-Haferflocken-Smoothie

1 Portion
Pro Portion: 542 kcal/7,9 g F/88,9 g KH/18,4 g P

125 g Himbeeren
1 mittelgroße Banane
50 g Haferflocken
1 EL Agavendicksaft
250 ml fettarme Milch oder pflanzliche Alternative, z. B. Mandelmilch

1. Himbeeren waschen und trocken tupfen.
2. Banane schälen, in Scheiben schneiden und zusammen mit den Himbeeren in eine verschließbare Aufbewahrungsbox geben. Haferflocken einfüllen, alles mit Agavendicksaft beträufeln und einfrieren.
3. Vor dem Verzehr mit Milch oder Milchalternative in einem Mixer zu einem Smoothie verarbeiten.

Tipps und Aufbewahrung ·

Falls kein Gefrierfach zur Verfügung steht, nur die Himbeeren und Haferflocken vorbereiten, im Kühlschrank lagern und die Banane, Süße und Milch frisch dazumixen.

Meal-Prep-Tag im zeitlichen Überblick

- Backofen auf 150 °C Umluft vorheizen
- **5–10 Min.**
  Vorbereitung Johannisbeer-Granola (S. 31/32)
  Zutaten vermengen, auf das Blech streichen usw.
- **5 Min.**
  Vorbereitung Granola-Cookies (S. 31/32)
  mit Banane vermischen und Cookies auf das Blech setzen

Diese Arbeiten werden parallel ausgeführt:

20 Min.	10–15 Min.
Backen von Johannisbeer-Granola und Granola-Cookies (S. 31/32): Das Backblech für ca. 20 Min. in den Ofen schieben. Das Granola während der Backzeit immer wieder wenden, damit es gleichmäßig knusprig wird. Die Cookies nach ca. 10 Min. Backzeit wenden.	Smoothies + Extra-Himbeeren vorbereiten 220 g Erdbeeren waschen, trocken tupfen, klein schneiden. 200 g Himbeeren waschen und trocken tupfen. 2 Bananen schälen und in Scheiben schneiden. Gefrierbehälter vorbereiten und die Smoothie-Bestandteile lt. Rezepten einfüllen: Erdbeer-Bananen-Smoothie (S. 33) Erdbeerstücke gesamt + 1 Banane in Scheiben + 1 EL Agavendicksaft darüberträufeln. Himbeer-Haferflocken-Smoothie (S. 34) 125 g Himbeeren + 1 Banane in Scheiben + 50 g Haferflocken + 1 EL Agavendicksaft darüberträufeln In geschlossene Gefrierbehälter geben, evtl. noch beschriften und einfrieren. Himbeer-Portion für So, siehe Wochenplan 1 (S. 29) 75 g Himbeeren in kleine Gefrierbehälter bzw. Gefrierbeutel geben.

→

- **5 Min.**
  Nach dem vollständigen Abkühlen: **Johannisbeer-Granola und Granola-Cookies (S. 31/32)** in Glas oder Metallgefäß umfüllen.

Meal-Prep-Zeit für Woche 1: ca. 40 Min.
Unter der Woche fallen dann nur noch sehr geringe Arbeiten an wie das Einrühren in erwärmte Milch oder das Mixen der Smoothies (siehe Wochenplan 1, S. 29). Falls kein Gefrierfach zur Verfügung steht, die Hinweise bei den Smoothies beachten und am Freitag noch frische Himbeeren für das Wochenende einkaufen.

Wochenplan 2

Vorhaben und Voraussetzungen

- Es steht kein Gefrierfach zur Verfügung.
- Vegetarisch.
- In der Arbeit kann das Essen mit einer Mikrowelle erwärmt werden.
- Mittagessen, Snack und Abendessen abdecken.

Samstag	Planung für die Woche und Einkauf Bedarfsliste 1		
Sonntag	Meal-Prep-Tag 1 (S. 51–54)		
	Mittagessen	Snacks	Abendessen
Montag	Karotten-Fenchel-Curry mit Reis (S. 40/41) nur 1 Portion (Zutatenmenge des Rezepts halbieren, bereits in Bedarfsliste 1 eingerechnet)	Gemischtes Obst (S. 44), 20 g Mandelkerne	Reissalat im Glas (S. 42/43), 1 Süßkartoffelmuffin (S. 45)
Dienstag	Reissalat im Glas (S. 42/43), 1 Süßkartoffelmuffin (S. 45)	Gemischtes Obst (S. 44), 20 g Mandelkerne	3 Stück Süßkartoffel-Couscous-Bratlinge (S. 46/47) mit 1 Portion Sourcream-Dip (S. 48)
Mittwoch	Süßkartoffel-Couscous-Burger (S. 49) mit 1 Bratling und 1 Portion Sourcream-Dip (S. 48) für den Burger	Gekochtes Ei + 2 Tomaten (aufschneiden und würzen)	Kartoffel-Karotten-Suppe (S. 50), 2 Süßkartoffelmuffins (S. 45) →

	<u>Aktionen am Verzehrtag</u>: *Dinkelbrötchen aufschneiden, ½ Avocado schälen und in dünne Scheiben schneiden (restliche Avocado mit Zitrone beträufeln, in Frischhaltefolie einwickeln und in den Kühlschrank legen).* *Brötchen mit den Avocadoscheiben belegen. Bratling aufwärmen und zusammen mit der restlichen gehackten Petersilie und dem Feldsalat auf die Avocadoscheiben legen. Mit 1 Portion Sourcream-Dip bestreichen und genießen.* Einkauf nach Bedarfsliste 2 (S. 55) und Meal-Prep-Tag 2 (S. 62)		
Donnerstag	Kartoffel-Karotten-Suppe (S. 50), 1 Dinkelbrötchen mit ½ Avocado belegt (Avocadohälfte vom Vortag), mit Salz und Pfeffer gewürzt	Joghurt mit Beeren (S. 61)	Rote-Bete-Salat mit Schafskäse, gekochten Eiern und Walnüssen (S. 56), 1 Süßkartoffelmuffin (S. 45)
Freitag	Rote-Bete-Kokos-Suppe (S. 58) mit 1 Süßkartoffelmuffin (S. 45)	Joghurt mit Beeren (S. 61)	3 Spaghettimuffins (S. 57), 1 Portion Tomatensoße stückig (S. 59)
Samstag	1 Portion Tomatensuppe cremig (S. 60), 1 Dinkelbrötchen	Gekochtes Ei + 4 Cherrytomaten, aufschneiden und würzen	3 Spaghettimuffins (S. 57) + 1 Portion Tomatensoße stückig (S. 59)

Bedarfsliste 1

- ☐ 1 Fenchelknolle
- ☐ 2 Lauchzwiebeln
- ☐ 6-7 Karotten
- ☐ 1 Schalotte
- ☐ 1 Zwiebel
- ☐ 400 g Kartoffeln
- ☐ ½ rote Paprika
- ☐ 2 Tomaten
- ☐ 1 Topf Petersilie
- ☐ ½ Bund Schnittlauch
- ☐ 2 Süßkartoffeln
- ☐ 90 g Feldsalat
- ☐ 50 g Mais aus der Dose
- ☐ 50 g Erbsen aus der Dose
- ☐ 1 Avocado
- ☐ 1 Zitrone
- ☐ 1 Mango
- ☐ 2 Kiwi
- ☐ 200 g Erdbeeren
- ☐ 200 g Heidelbeeren
- ☐ 125 g Naturjoghurt
- ☐ 130 ml Milch oder Mandel- bzw. Sojamilch
- ☐ 100 ml Kokosmilch (fettreduziert)
- ☐ 150 g Schmand
- ☐ 100 g saure Sahne
- ☐ 50 g Crème fraîche (leicht)
- ☐ 6 Eier
- ☐ 1 Dinkel-oder Vollkornbrötchen
- ☐ 115 g Haferflocken
- ☐ 130 g Reis
- ☐ 60 g Couscous
- ☐ ½ TL Speisestärke
- ☐ 1 Msp. Johannisbrotkernmehl oder Speisestärke
- ☐ 1,15 l Gemüsebrühe (oder Gemüsebrühepulver + Wasser)
- ☐ 1 TL rote Currypaste
- ☐ 30 g Nussbutter (z. B. Cashew, Mandel)
- ☐ 30 g Cashewnüsse
- ☐ 40 g Mandeln
- ☐ Süßungsmittel nach Wahl, z. B. Erythrit, Vollrohrzucker, Honig, Kokosblütenzucker
- ☐ Salz
- ☐ Pfeffer
- ☐ Öl, z. B. Olivenöl
- ☐ Backpulver
- ☐ Gewürze nach Wahl: Salz, Pfeffer, Currypulver
- ☐ Zimt

Die Rezepte der Woche (Mo-Mi)

Karotten-Fenchel-Curry mit Reis

2 Portionen
Pro Portion: 385 kcal/23,1 g F/36 g KH/6 g P

120 g Reis
1 Fenchelknolle
3 Karotten
1 EL Olivenöl zum Anbraten
1 gehäufter TL Currypulver
1 TL rote Currypaste
100 ml Gemüsebrühe
200 ml Kokosmilch (fettreduziert)
1 TL Speisestärke
Salz, Pfeffer
3 Stängel Petersilie

1. Reis nach Packungsanleitung in einem Topf mit Salzwasser kochen.
2. In der Zwischenzeit den Fenchel putzen und in Streifen schneiden.
3. Die Karotten putzen, schälen und in Scheiben schneiden.
4. Beides in einer Pfanne mit etwas Olivenöl 10 Min. anbraten und mit Currypulver bestäuben.
5. Rote Currypaste einrühren und Gemüsebrühe und Kokosmilch dazugeben.
6. Die Speisestärke in etwas Wasser auflösen und ebenfalls einrühren.
7. Alles aufkochen und ca. 5 Min. köcheln lassen. Mit Salz und Pfeffer abschmecken
8. Petersilie waschen, trocken schütteln und hacken.

9. Jeweils 1 Portion Reis und Curry in einen Vorratsbehälter abfüllen. Mit der gehackten Petersilie bestreuen.

Tipps und Aufbewahrung

Das Curry schmeckt auch sehr gut zu Hähnchenspießen.
Im verschlossenen Vorratsbehälter hält es im Kühlschrank 3–4 Tage.

Reissalat im Glas

2 Portionen

Pro Portion: 406 kcal / 15,2 g F / 51,3 g KH / 12,8 g P

60 g Feldsalat
70 g Reis
Salz
30 g Cashewnüsse
50 g Mais aus der Dose
50 g Erbsen aus der Dose
1 Karotte
½ rote Paprika
½ Mango

Für das Joghurt-Petersilie-Dressing
3 Stängel Petersilie
125 g Naturjoghurt
2 EL Zitrone
1 EL Olivenöl
Pfeffer

1. Feldsalat putzen, waschen und abtropfen lassen.
2. Reis laut Packungsangabe in einem Topf mit Salzwasser kochen, durch ein Sieb abgießen und abtropfen lassen.
3. Erbsen und Mais in ein Sieb geben, durchspülen, abtropfen lassen.
4. Karotte und Paprika putzen, waschen und klein schneiden.
5. Mango schälen, Fruchtfleisch vom Kern schneiden und in kleine Stücke schneiden.
6. Petersilie waschen, trocken schütteln und hacken.
7. 2 Einmachgläser nach Belieben einschichten, z. B. Reis, Erbsen Mais, Paprika, Karotten, Mango und Feldsalat und eine 2. Variante mit Paprika, Mais, Erbsen, Karotten, Cashewnüsse.
8. Einmachgläser mit Deckel verschließen und in den Kühlschrank stellen.

9. Für das Dressing Naturjoghurt mit Petersilie, Zitronensaft, Olivenöl, Salz und Pfeffer verrühren und in einem Extra-Glas aufbewahren.
10. Erst kurz vor dem Verzehr Dressing und Salat vermischen

Tipps und Aufbewahrung

In luftdicht verschlossenen Einmachgläsern ca. 2–3 Tage haltbar.

Gemischtes Obst

2 Portionen

Pro Portion: 167 kcal/3,5 g F/29 g KH/2,6 g P

2 Kiwi
200 g Erdbeeren
200 g Heidelbeeren
1/2 Mango

1. Kiwi schälen, in Scheiben schneiden und diese noch mal vierteln.
2. Erdbeeren waschen, trocken tupfen, klein schneiden.
3. Heidelbeeren waschen, trocken tupfen.
4. Mango schälen, Fruchtfleisch vom Kern schneiden und in kleine Stücke schneiden.
5. Obst in 2 Einmachgläser schichten, verschließen und im Kühlschrank lagern.

Tipps und Aufbewahrung

Mit jeweils 1 EL Zitronensaft und 1 TL Süßungsmittel (z. B. Honig) pro Glas, entsteht ganz schnell ein leckerer Obstsalat.
Im Kühlschrank 2–3 Tage haltbar.

Süßkartoffelmuffins

6 Muffins

Pro Muffin: 153 kcal/5,3 g F/29,4 g KH/5,9 g P

115 g Haferflocken
60 g Erythrit oder Süßungsmittel nach Wahl, z. B. Vollrohrzucker, Honig
1 TL Backpulver
150 g gekochte Süßkartoffel, abgekühlt
130 ml Milch oder Mandel- bzw. Sojamilch
1 Ei
30 g Nussbutter (z. B. Cashew, Mandel)
1 EL Zimt
etwas Fett für die Form

1. Backofen auf 180 °C Umluft vorheizen.
2. 100 g Haferflocken im Mixer fein mahlen, die restlichen Haferflocken beiseitestellen. Alle Zutaten (bis auf die ganzen Haferflocken) in einer Schüssel vermischen und zu einem glatten Teig rühren.
3. Die Masse auf gefettete Muffinförmchen verteilen und mit den Haferflocken bestreuen. Diese leicht andrücken.
4. Muffins im Ofen 25–30 Min. backen.

Tipps und Aufbewahrung

In einem Vorratsbehälter verpackt und kühl gelagert halten sich die Muffins 1 Woche.
Wer möchte, kann die Muffins portionsweise einfrieren und bei Bedarf auftauen.
Viele Variationsmöglichkeiten: mit Butter und Marmelade, mit Schinken, gekochtem Ei, zur Suppe oder zum Salat.

Süßkartoffel-Couscous-Bratlinge

4 Bratlinge

Pro Bratling: 155 kcal / 15,3 g F / 26,6 g KH / 3,3 g P

1 mittelgroße Süßkartoffel
60 g Couscous
90 ml Gemüsebrühe
1/2 Zwiebel
5 Stängel frische Petersilie
Salz, Pfeffer
1 Msp. Johannisbrotkernmehl bzw. Speisestärke
1 EL Olivenöl

1. Backofen auf 200 °C Umluft vorheizen.
2. Süßkartoffel waschen, abtrocknen, in eine hitzebeständige Form legen und im Ofen 40–50 Min. backen.
3. Couscous in eine Schüssel geben mit Gemüsebrühe übergießen und ca. 4 Min. quellen lassen.
4. Zwiebel abziehen und fein hacken.
5. Süßkartoffel halbieren, das Fleisch mit einem Löffel aus der Schale heben und in einer Schüssel mit der Gabel zerdrücken.
6. Petersilie waschen, trocken schütteln und hacken.
7. Couscous, Zwiebel und Petersilie zu der Süßkartoffelmasse geben und gut vermischen. Mit Salz und Pfeffer abschmecken.
8. Johannisbrotkernmehl einrieseln lassen und Masse noch mal gut durchmischen.
9. Olivenöl in einer Pfanne erhitzen.
10. Aus der Süßkartoffelmasse 3 kleinere und 1 größeren (für den Burger am nächsten Tag) Bratling formen und in der Pfanne von beiden Seiten goldgelb braten.
11. Danach gut abkühlen lassen und in einer Vorratsdose im Kühlschrank aufbewahren.

Tipps und Aufbewahrung

Die Bratlinge sind im Kühlschrank 3–4 Tage haltbar.

Sourcream-Dip

2 Portionen

Pro Portion: 254 kcal/23,1 g F/6,5 g KH/4,4 g P

- 5 Stängel Petersilie
- 5 Stängel Schnittlauch
- ½ Zwiebel
- 150 g Schmand
- 100 g saure Sahne
- 1 TL Zitronensaft oder Essig
- ½ TL Salz
- 1 Prise Pfeffer

1. Petersilie und Schnittlauch waschen, trocken schütteln und hacken.
2. Zwiebel schälen und hacken.
3. Zwiebel, Schmand, saure Sahne und Zitronensaft in einer Schüssel gut verrühren, Kräuter untermischen und Dip mit Gewürzen abschmecken.

Tipps und Aufbewahrung

Dip in ein Schraubglas füllen und im Kühlschrank lagern. Innerhalb von 3–4 Tagen verbrauchen.

Ideal als Dip für Gemüsestifte, Selleriestangen und Co.

Süßkartoffel-Couscous-Burger

Variante zu Süßkartoffel-Couscous-Bratlinge (S. 46/47) und Sourcream-Dip (S. 48)

1 Portion

Pro Portion: 375 kcal / 18,6 g F / 35,6 g KH / 12,9 g P

- 2 Stängel Petersilie
- 30 g Salat, z. B. Rucola oder Feldsalat
- 2 EL Sourcream-Dip (S. 48) oder fettarmer Naturjoghurt
- Salz (optional Kräutersalz), Pfeffer
- 1 Dinkel- oder Vollkornbrötchen
- ½ Avocado
- 1 Süßkartoffel-Couscous-Bratling (S. 46/47)

1. Petersilie und Salat waschen und trocken schütteln. Die Petersilie hacken, Salat klein zupfen.
2. Naturjoghurt in eine Schüssel geben, Petersilie unterrühren, mit Salz und Pfeffer abschmecken.
3. Dinkelbrötchen aufschneiden. Avocado schälen und halbieren, Fruchtfleisch in dünne Scheiben schneiden und auf die untere Hälfte des Dinkelbrötchens legen.
4. Bratling evtl. aufwärmen. Salat und Süßkartoffel-Couscous-Bratling auf die Avocado geben, Sourcream-Dip oder Joghurt auftragen und mit der oberen Brötchenhälfte abschließen.

Tipps und Aufbewahrung

Bratling, Salat, Avocado und Sourcream-Dip/Joghurt erst kurz vor dem Verzehr in das Brötchen schichten.

Kartoffel-Karotten-Suppe

2 Portionen
Pro Portion: 340 kcal / 10,1 g F / 58,1 g KH / 9,6 g P

2 Lauchzwiebeln
1 Fenchelknolle
4 Karotten
1 Schalotte
400 g Kartoffeln
Öl zum Anbraten
1 l Gemüsebrühe
1 EL Honig
50 g Crème fraîche (leicht)
Salz, Pfeffer

1. Lauchzwiebeln putzen, waschen und in Ringe schneiden. Fenchel und Karotten putzen, waschen und in grobe Stücke schneiden. Die Schalotte schälen und würfeln. Die Kartoffeln schälen, waschen und klein schneiden.
2. Öl in einer Pfanne erhitzen und Schalotte und Lauchzwiebeln darin kurz andünsten.
3. Anschließend beides in einen großen Topf geben. Kartoffeln, Fenchel, Karotten und Gemüsebrühe dazugeben. Suppe aufkochen und ca. 20 Min. auf kleiner Stufe köcheln lassen.
4. Honig und Crème fraîche einrühren, mit Salz und Pfeffer abschmecken und weitere 10 Min. köcheln lassen.
5. Wenn das Gemüse weich gekocht ist, Suppe mit dem Pürierstab fein pürieren.

Tipps und Aufbewahrung

Suppe heiß in ein Schraubglas abfüllen, luftdicht verschließen und innerhalb von 1 Woche verbrauchen.

Meal-Prep-Tag 1 im zeitlichen Überblick

- Backofen auf 200 °C Umluft vorheizen

45–50 Min. Süßkartoffeln waschen, abtrocknen, in eine hitzebeständige Form legen und im Ofen backen.	20–30 Min. 130 g Reis nach Packungsanleitung in einem Topf mit Salzwasser 20–30 Min. kochen (je nach Sorte). Reis abseihen und abkühlen lassen.	30–35 Min. Während Reis kocht: Kartoffeln und Karotten waschen und schälen. Paprika waschen und abtrocknen. Lauchzwiebeln putzen und in Ringe schneiden. Zwiebel und Schalotte abziehen und hacken. 2 Fenchelknollen putzen Feldsalat putzen, waschen und abtropfen lassen. Petersilie und Schnittlauch waschen, trocken schütteln und hacken. Zitrusfrüchte: Zitrone auspressen 10–15 Min. Gemischtes Obst (S. 44) zubereiten: Mango waschen, schälen und halbieren. Die Hälfte der Mango in kleine Stücke schneiden. Die andere Hälfte zur Seite legen. Kiwi schälen, in Scheiben und diese in Viertel schneiden. Erdbeeren waschen, trocken tupfen, klein schneiden. Heidelbeeren waschen, trocken tupfen. →

Süßkartoffeln aus dem Ofen nehmen und abkühlen lassen.		Obststücke in 2 Einmachgläser schichten, jeweils 20 g Mandelkerne auflegen, verschließen und in den Kühlschrank stellen.
5 Min. Süßkartoffelmuffins (S. 45) vorbereiten: Teigmasse zusammenrühren 25–30 Min. Süßkartoffelmuffins bei 180 °C Umluft im Ofen backen. Süßkartoffelmuffins aus dem Ofen nehmen und abkühlen lassen.	10 Min. Kartoffel-Karotten-Suppe (S. 50) vorbereiten: 4 geschälte Karotten und 1 geputzte Fenchelknolle in grobe Stücke schneiden. Die geputzten Kartoffeln klein schneiden. 1 EL Öl in einer Pfanne erhitzen und die gehackte Schalotte mit den Lauchzwiebelringen anbraten. In einen Topf geben. Kartoffeln, Fenchel, Karotten und Gemüsebrühe dazugeben. Suppe aufkochen und … 20 Min. … Suppe ca. 20 Min. auf kleiner Stufe köcheln lassen.	5 Min. Sourcream-Dip (S. 48) zubereiten: 1 TL gehackte Petersilie, die Schnittlauchröllchen gesamt, die Hälfte der gehackten Zwiebel zusammen mit Schmand, saurer Sahne und 1 TL Zitronensaft verrühren. Mit Salz und Pfeffer abschmecken. In kleines Schraubglas füllen und in den Kühlschrank stellen. →

5 Min. Dressing für Reissalat (S. 42/43) zubereiten: 1 TL der gehackten Petersilie, 2 EL Zitronensaft, Joghurt und Olivenöl verrühren. Mit Salz und Pfeffer abschmecken, in ein kleines Glas abfüllen und in den Kühlschrank stellen.	10 Min. Suppe fertigstellen Honig und Crème fraîche einrühren, mit Salz und Pfeffer abschmecken und weitere 10 Min. köcheln lassen. Wenn das Gemüse weich gekocht ist, Suppe mit dem Pürierstab fein pürieren. Noch heiß in 2 Schraubgläser abfüllen.	20 Min. Süßkartoffel-Couscous-Bratlinge (S. 46/47) lt. Rezept zubereiten Aus der Süßkartoffelmasse 3 kleinere und einen größeren (für den Burger am nächsten Tag) Bratling formen und in der Pfanne von beiden Seiten goldgelb braten. Danach gut abkühlen lassen.
10 Min. Reissalat im Glas (S. 42) zubereiten Die Hälfte des gekochten, abgekühlten Reis und die restlichen vorbereiteten Zutaten wie im Rezept angegeben in 2 Einmachgläser einschichten und in den Kühlschrank stellen.	10 Min. 4 Eier hart kochen und danach in kaltem Wasser abschrecken.	20 Min. Karotten-Fenchel-Curry (S. 40) kochen Restlichen Fenchel und 3 Karotten in Streifen bzw. Scheiben schneiden. Beides in einer Pfanne mit etwas Olivenöl 10 Min. anbraten und mit Currypulver bestäuben. Rote Currypaste einrühren und Gemüsebrühe und Kokosmilch dazugeben. Die Speisestärke in etwas Wasser auflösen und ebenfalls einrühren. Alles aufkochen und ca. 5 Min. köcheln lassen. Mit Salz und Pfeffer abschmecken. Abkühlen lassen.

- **10 Min.**
  Abpacken nach Abkühlen der Gerichte:
  Jeweils in eine Vorratsdose/Glas geben und in den Kühlschrank stellen:
  - Restlicher gekochter Reis mit Karotten-Fenchel-Curry
  - Süßkartoffel-Bratlinge
  - Kartoffel-Karotten-Suppe

  Abgekühlte Süßkartoffelmuffins in Vorratsdose gepackt kühl lagern, z. B. im Vorratsraum

Von den Zutaten der Bedarfsliste 1 bleiben noch die Avocado, etwas Feldsalat, gehackte Petersilie und das Dinkelbrötchen für die Zubereitung des Burgers am Mittwoch übrig. Außerdem 4 hart gekochte und 2 rohe Eier für Snacks und die Gerichte der restlichen Woche.

Meal-Prep-Teil 1 von Mo bis Mi ist in **ca.** 135 Min. durchgeführt. Ein Teil ist auch schon für den 2. Teil der Woche vorbereitet, z. B. hart gekochte Eier.
Außer dem vollständigen Belegen des Burgers und dem Erwärmen der Speisen (z. B. mit der Mikrowelle) fallen bis Mittwoch keine weiteren Arbeiten an.

Bedarfsliste 2

- ☐ 100 g Heidelbeeren
- ☐ 100 g Himbeeren
- ☐ 100 g Brombeeren
- ☐ 10 Cherrytomaten
- ☐ 6 Tomaten
- ☐ 1 Schalotte
- ☐ 4 Knoblauchzehen
- ☐ 750 g passierte Tomaten
- ☐ 500 g gekochte, vakuumierte Rote Bete
- ☐ 50 g Schafskäse
- ☐ 50 g ungekochte Spaghetti (bzw. ca. 125 g gekochte Spaghetti)
- ☐ 10 g gehackte Walnüsse
- ☐ 500 g Naturjoghurt
- ☐ 1 Kugel Mozzarella (ca. 125 g)
- ☐ 1 Dinkel-oder Vollkornbrötchen
- ☐ 10 g Kokosöl
- ☐ 150 ml Kokosmilch aus der Dose
- ☐ 120 ml Gemüsebrühe
- ☐ Süßungsmittel nach Wahl, z. B. Honig, Kokosblütenzucker, Xylit
- ☐ Senf
- ☐ Öl, z. B. Olivenöl
- ☐ Essig
- ☐ Zimt
- ☐ Gewürze nach Wahl: Salz, Pfeffer, Chilipulver
- ☐ Oregano, getrocknet
- ☐ Rosmarin, getrocknet

Die Rezepte der Woche (Do-Fr)

Rote-Bete-Salat mit Schafskäse, gekochten Eiern und Walnüssen

1 Portion
Pro Portion: 620 kcal/42,5 g F/23,3 g KH/29 g P

2 Eier
250 g gekochte, vakuumierte Rote Bete
50 g Schafskäse
10 g gehackte Walnüsse
1 EL Olivenöl
1 EL Essig
1 TL Honig
1 TL Senf
Salz, Pfeffer

1. Eier in einem Topf mit Wasser 10 Min. hart kochen. Dann mit kaltem Wasser kurz abschrecken, schälen und vierteln.
2. Rote Bete kurz abwaschen, in kleine Würfel schneiden und in eine Schüssel geben.
3. Schafskäse ebenfalls klein würfeln und mit den Walnüssen in die Schüssel geben. Gut durchmischen. Den Salat in ein Schraubglas füllen
4. Für das Dressing Öl, Essig, Honig, Senf und etwas Salz und Pfeffer verrühren. Über den Salat geben.
5. Die Eierviertel darauflegen und die Einmachgläser verschließen.

Tipps und Aufbewahrung

Salat in ein Schraubglas füllen und im Kühlschrank lagern. Hält sich darin 2–3 Tage.

Spaghettimuffins

6 Stück

Pro Stück: 114 kcal/5,8 g F/7,7 g KH/7,3 g P

50 g ungekochte Spaghetti (bzw. ca. 125 g gekochte Spaghetti)
6 Cherrytomaten
1 Kugel Mozzarella (ca. 125 g)
2 Eier
Salz, Pfeffer
Oregano
Rosmarin
Fett für die Form

1. Spaghetti nach Packungsanleitung zubereiten.
2. Backofen auf 180 °C Umluft vorheizen.
3. Tomaten waschen und abtrocknen.
4. Mozzarella und Tomaten fein würfeln und in einer Schüssel mit den Eiern und den Spaghetti vermengen. Nach Belieben mit den Gewürzen abschmecken.
5. Die Masse in 6 gefettete Muffinförmchen verteilen und im Ofen 20 Min. backen.
6. Nach dem Abkühlen in Vorratsbehälter in den Kühlschrank geben.

Tipps und Aufbewahrung

Die Muffins halten sich im Kühlschrank 3–4 Tage. Sehr gut zur Resteverwertung von Spaghetti.

Rote-Bete-Kokos-Suppe

1 Portion

Pro Portion: 444 kcal/36,7 g F/20,9 g KH/7,2 g P

1 Schalotte
1 Knoblauchzehe
250 g vorgekochte, vakuumierte Rote Bete
10 g Kokosöl
120 ml Gemüsebrühe
150 ml Kokosmilch aus der Dose
je 1 Prise Salz, Pfeffer und Chili

1. Schalotte und Knoblauch abziehen und würfeln.
2. Die Roten Bete kurz abwaschen und in Würfel schneiden.
3. Kokosöl in einen Topf geben und die Schalotten- und Knoblauchwürfel darin etwa 5 Min. bei mittlerer Hitze andünsten.
4. Rote-Beete-Würfel hinzufügen und weitere 2 Min. dünsten.
5. Mit der Gemüsebrühe und der Kokosmilch ablöschen und mit Salz, Pfeffer und Chili würzen.
6. Suppe bei mittlerer Hitze 10 Min. köcheln lassen und danach mit dem Pürierstab zu einer cremigen Suppe pürieren. Noch einmal mit den Gewürzen abschmecken.

Tipps und Aufbewahrung

Suppe heiß in ein Schraubglas abfüllen, luftdicht verschließen und innerhalb von 3–4 Tagen verbrauchen.

Tomatensoße stückig

1 Portion

Pro Portion: 105 kcal / 0,5 g F / 16,9 g KH / 5,9 g P

- 1 Knoblauchzehe
- 1 EL Olivenöl
- 2 Tomaten
- 250 g passierte Tomaten
- Salz, Pfeffer
- Oregano, getrocknet
- Rosmarin, getrocknet

1. Die Knoblauchzehe schälen, fein hacken und in einem Topf mit dem Olivenöl andünsten.
2. Die Tomaten waschen, abtrocknen, Stielansatz entfernen und Fruchtfleisch klein schneiden. Tomatenstücke mit den passierten Tomaten in den Topf geben.
3. Die Soße einmal aufkochen lassen und mit den Gewürzen abschmecken.

Tipps und Aufbewahrung

Heiß in ein Schraubglas abfüllen, verschließen und abkühlen lassen. Hält sich 1–2 Wochen.

Für diesen Wochenplan müssen 3 Portionen Tomatensoße stückig zubereitet werden. 1 Portion wird als Tomatensuppe cremig (S. 60) variiert.

1 Portion Tomatensoße und 150 g krümelig angebratenes Hackfleisch ergeben eine leckere Bolognese-Soße.

Tomatensuppe cremig

Die stückige Tomatensoße (S. 59) pürieren und vor dem Verzehr eventuell noch mit einem Schuss saurer Sahne oder Crème fraîche verfeinern.

Joghurt mit Beeren

2 Portionen

Pro Portion: 225 kcal / 4,7 g F / 27,3 g KH / 14,5 g P

100 g Heidelbeeren
100 g Himbeeren
100 g Brombeeren
500 g Naturjoghurt
Evtl. 1 Msp. Zimt oder Kokosblütenzucker / Xylit zum Bestreuen

1. Beeren waschen und trocken tupfen.
2. Joghurt und evtl. Zimt/Kokosblütenzucker in 2 Einmachgläser einfüllen.
3. Beeren auf die 2 Gläser mit Joghurt verteilen und diese verschließen.

Tipps und Aufbewahrung

Im Kühlschrank 2–3 Tage haltbar.

Meal-Prep-Tag 2 im zeitlichen Überblick

15 Min. Spaghetti kochen für Spaghettimuffins (S. 57)	5 Min. **Beeren** vorbereiten: Heidelbeeren, Himbeeren und Brombeeren waschen und trocken tupfen. Joghurt mit Beeren (S. 61) zubereiten. In 2 Schraubgläser abfüllen und verschlossen im Kühlschrank aufbewahren. 5 Min. allgemeine Vorbereitungen: Tomaten und Cherrytomaten waschen und abtrocknen Knoblauchzehen und Schalotte abziehen. 2 hartgekochte Eier (bereits am Meal-Prep-Tag 1 zubereitet) schälen.
Spaghetti abseihen. 25 Min. Spaghettimuffins (S. 57) Backofen auf 180 °C Umluft vorheizen. 6 Cherrytomaten und Mozzarella würfeln, mit Eiern und Spaghetti vermengen, abschmecken. 20 Min. Backzeit	25 Min. 3 Portionen Tomatensoße stückig (S. 59) zubereiten: 3 Knoblauchzehen fein hacken und in einem Topf mit dem Olivenöl andünsten. 6 Tomaten klein schneiden. Tomatenwürfel mit den passierten Tomaten hinzufügen, aufkochen lassen und mit Gewürzen abschmecken. 2/3 der Tomatensoße in 2 Schraubgläser heiß abfüllen und verschließen. Die restliche Tomatensoße pürieren, siehe Tomatensuppe cremig (S. 60) und auch in ein Schraubglas füllen.
Muffins aus dem Ofen holen und abkühlen lassen.	10 Min. Rote-Bete-Salat mit Schafskäse, gekochten Eiern und Walnüssen (S. 56) zubereiten und in Einmachgläser füllen. Die geschälten Eier jeweils in Viertel schneiden. Dressing über den Salat geben und mit den Eiervierteln belegen. In den Kühlschrank stellen.
20 Min. Rote-Bete-Kokos-Suppe (S. 58) zubereiten Suppe heiß in ein Schraubglas abfüllen, luftdicht verschließen.	2 Min. Spaghettimuffins (S. 57) in Vorratsbehälter abfüllen.

Innerhalb von 60 Min. sollte der 2. Meal-Prep-Teil der Woche 2 erledigt sein.

Wochenplan 3

Vorhaben und Voraussetzungen

- Frühstück, Snacks und Abendessen für 5 Tage ersetzen.
- Mittags z. B. gute Essmöglichkeiten mit Bio-Salat-Bar etc.
- Abends warmes, eher leichtes Essen.
- Diese Woche zeigt eine Planung ohne Gefrierfach.

	Frühstück	Snack	Abendessen
Sa	Planung für die Woche und Einkauf nach Bedarfsliste 1 (S. 64)		
So	Meal-Prep-Tag 1 (S. 74–76)		
Mo	Oatmeal mit Heidelbeeren und Pfirsich (S. 65)	Pfirsich-Smoothie (S. 66) Evtl. erst kurz vor Verzehr mixen bzw. wenn man ihn in die Arbeit mitnimmt, dann schnell morgens	Ofengemüse mit Quinoa und Kräuter-Feta (S. 67/68) mit 1 Portion Hähnchenbrustfilet (S. 70)
Di	2 Scheiben Bananenbrot (S. 69) mit Apfelkompott (S. 72)	Vanille-Chia-Pudding (S. 71) mit 70 g Heidelbeeren	Curry-Quinoa mit dicken Bohnen und Erbsen (S. 73) Die 2 Portionen des Rezepts als eine Hauptmahlzeit verwenden
Mi	Vanille-Chia-Pudding (S. 71) mit Apfelkompott (S. 72) Einkauf nach Bedarfsliste 2 (S. 77) und Meal-Prep-Tag 2 (S. 80)	2 Scheiben Bananenbrot (S. 69) mit 1 Pfirsich	Ofengemüse mit Quinoa und Kräuter-Feta (S. 67/68) mit 1 Portion Hähnchenbrustfilet (S. 70) in Streifen geschnitten →

Do	Schokoladen-Chia-Pudding (S. 78)	2 Scheiben Bananenbrot (S. 69), 50 g Himbeeren	1 Portion Gnocchi (S. 79) mit 1 Portion Tomatensoße stückig (S. 59)
Fr	2 Scheiben Bananenbrot (S. 69), 50 g Himbeeren	Schokoladen-Chia-Pudding (S. 78)	Gnocchi (S. 79) mit 50 g Speck und Parmesan 30 g und 1 Portion Tomatensoße stückig (S. 59)

Bedarfsliste 1

- ☐ 1 rote Paprika
- ☐ 200 g Baby-Kartoffeln
- ☐ 2 Karotten
- ☐ 1 Zucchini
- ☐ 4 Knoblauchzehen
- ☐ 2 Stängel Rosmarin
- ☐ 150 g gefrorene dicke Bohnen
- ☐ 100 g gefrorene Erbsen
- ☐ 4 Pfirsiche
- ☐ 4 süße Äpfel
- ☐ 100 g Heidelbeeren
- ☐ 1 Bio-Zitrone
- ☐ 2 reife Bananen
- ☐ 2 Hähnchenbrustfilets (ca. 300 g)
- ☐ 200 g Feta
- ☐ 595 ml fettarme Milch
- ☐ 50 g fettarmer Naturjoghurt
- ☐ 2 Eier
- ☐ 200 g weiße Quinoa
- ☐ 60 g zarte Haferflocken
- ☐ 130 g Mehl (z. B. Dinkelmehl)
- ☐ 3 EL Chiasamen
- ☐ 50 g gemahlene Mandeln
- ☐ 10 g gehobelte Mandeln
- ☐ Süßungsmittel nach Belieben, z. B. Agavendicksaft, Honig
- ☐ 2 TL Curry-Gewürzmischung (aus u. a. Kurkuma, Kreuzkümmel, Koriander, Bockshornkleesamen)
- ☐ Backpulver
- ☐ Öl, z. B. Olivenöl, evtl. 2 EL Walnussöl
- ☐ Gewürze nach Wahl: Salz, Pfeffer
- ☐ Kräuter der Provence, getrocknet
- ☐ Zimt
- ☐ 1/2 Vanilleschote oder 1 Msp. Vanillepulver

Die Rezepte der Woche (Mo-Mi)

Oatmeal mit Heidelbeeren und Pfirsich

1 Portion
Pro Portion: 471 kcal/8,6 g F/75,3 g KH/18,1 g P

60 g zarte Haferflocken
250 ml fettarme Milch oder Milchalternative, z. B. Mandelmilch
1-2 EL Agavendicksaft
1 TL Zimt
1 Pfirsich
30 g Heidelbeeren

1. Haferflocken mit Milch oder Milchalternative in einen Topf geben und aufkochen. Dann Hitze stark reduzieren, Agavendicksaft und Zimt einrühren. Weitere 3 Min. köcheln lassen, dabei gelegentlich umrühren.
2. Pfirsich waschen, abtrocknen, entkernen und Fruchtfleisch klein schneiden.
3. Heidelbeeren waschen und trocken tupfen.
4. Oatmeal in ein Einmachglas füllen und vollständig abkühlen lassen.
5. Danach mit den Heidelbeeren, dann mit den Pfirsichstücken belegen, verschließen und in den Kühlschrank stellen.

Tipps und Aufbewahrung

Im Kühlschrank lagern und innerhalb von 2–3 Tagen verzehren.

Pfirsich-Smoothie

1 Portion

Pro Portion: 205 kcal / 2,1 g F / 38,7 g KH / 6,2 g P

2 Pfirsiche
1 EL Zitronensaft
1 EL Agavendicksaft
125 ml fettarme Milch

1. Pfirsiche waschen, abtrocknen, entkernen und klein schneiden.
2. In einer verschließbaren Aufbewahrungsbox einfrieren.
3. Vor dem Verzehr mit Agavendicksaft und fettarmer Milch in einem Mixer zu einem Smoothie verarbeiten.

Ofengemüse mit Quinoa und Kräuter-Feta

Variation für Wochenplan 3 (S. 63/64): Am Mo eine Portion mit 200 g Feta essen und das restliche Ofengemüse für Mi mit Quinoa und Hähnchenbrust einplanen.

2 Portionen

Pro Portion: 795 kcal / 42,9 g F / 64,5 g KH / 29,7 g P

100 g weiße Quinoa
250 ml Wasser
Salz
1 rote Paprika
200 g Baby-Kartoffeln
2 Karotten
1 Zucchini
1 Bio-Zitrone
4 Knoblauchzehen
2 Stängel Rosmarin
3 EL Olivenöl
Pfeffer
200 g Feta
1 EL Kräuter der Provence

1. Quinoa in ein Sieb geben, mit heißem Wasser gründlich spülen und abtropfen lassen. Mit dem Wasser und etwas Salz in einen Topf geben und zum Kochen bringen. Danach die Hitze reduzieren und etwa 20 Min. lang fertig kochen. Anschließend zur Seite stellen.
2. Währenddessen den Backofen auf 200 °C Ober-/Unterhitze vorheizen.
3. Paprika, Babykartoffeln, Karotten und Zucchini putzen, waschen (nach Belieben schälen) und in mundgerechte Stücke schneiden. Auf einem mit Backpapier ausgelegten Backblech verteilen.
4. Die Zitrone gut waschen, Schale abreiben und beiseitelegen. ½ Zitrone in Spalten schneiden. →

5. Die Knoblauchzehen ungeschält halbieren und zusammen mit den Zitronenspalten und dem gewaschenen Rosmarin ebenfalls auf dem Backblech verteilen.
6. Alles mit Olivenöl beträufeln, salzen und pfeffern und gründlich vermengen, sodass das Gemüse gleichmäßig mit dem Olivenöl benetzt ist. Blech in den Ofen schieben und Gemüse etwa 30 Min. lang auf mittlerer Schiene im Backofen backen, bis es weich ist und teilweise eine goldgelbe Farbe angenommen hat.
7. Derweil die Quinoa mit dem Zitronenabrieb würzen.
8. Den Feta in kleine Würfel schneiden und anschließend in den Kräutern der Provence wälzen.
9. Vor dem Verzehr den Feta auf dem Ofengemüse verteilen.

Tipps und Aufbewahrung

Im Kühlschrank hält sich das Gericht 3–4 Tage.

Bananenbrot

1 Kastenform (20 cm)/ca. 8 Scheiben
Pro Scheibe: 226 kcal/12 g F/22,2 g KH/5,9 g P

- 2 reife Bananen
- 70 ml Milch
- 50 ml Pflanzenöl
- 2 Eier
- 130 g Mehl (z. B. Dinkelmehl)
- 2 TL Backpulver
- 50 g gemahlene Mandeln
- etwas Fett für die Form
- 10 g gehobelte Mandeln

1. Backofen auf 180 °C Umluft vorheizen.
2. Bananen schälen und in einer Schüssel mit einer Gabel zerdrücken oder mit einem Pürierstab pürieren.
3. Milch, Öl und Eier dazugeben und gut verrühren.
4. Dann Mehl, Backpulver und gemahlene Mandeln untermischen und alles zu einem glatten Teig verrühren.
5. Die Kastenform einfetten und mit Backpapier auslegen. Teig hineinfüllen und mit den gehobelten Mandeln bestreuen. Bananenbrot in den Ofen schieben und 40–50 Min. backen. Nach 30 Min. mit Alufolie abdecken, damit die Oberfläche nicht zu dunkel wird.
6. Nach dem Backen aus dem Ofen nehmen und auskühlen lassen.

Tipps und Aufbewahrung

Schmeckt besonders gut mit Butter und Marmelade oder zu frischen Beeren.
In einem Vorratsbehälter verpackt und kühl gelagert hält sich das Bananenbrot ca. 1 Woche.
Wer möchte, kann das Brot auch in Scheiben geschnitten einfrieren und diese bei Bedarf auftauen. Es schmeckt dann wie frisch gebacken.

Hähnchenbrustfilet-Varianten

2 Portionen
Pro Portion: 192 kcal/6,2 g F/0 g KH/4,5 g P

2 Hähnchenbrustfilets (ca. 300 g)
Gewürze nach Wahl, z. B. Salz, Pfeffer, Chiliflocken, Paprikapulver
1 EL Öl

1. Hähnchenbrustfilet waschen und trocken tupfen.
2. Mit Gewürzen nach Wahl bestreuen, z. B. Salz, Pfeffer, und in der Pfanne mit Öl herausbraten.

Variationsmöglichkeiten und Tipps

1 Portion Hähnchenbrust am Stück lassen und die andere Hähnchenbrust in Streifen schneiden.
Die Hähnchenbruststreifen kann man sehr gut als Beilage für Salat verwenden bzw. als proteinreichen Snack mit etwas Gemüse.
Hähnchenbrustfilet grillen, z. B. mit Kontaktgrill oder in der Grillpfanne.

Marinaden für Hähnchenbrustfilets:
Die Zutaten der Marinaden vermischen und Hähnchenbrust mind. 3 Stunden, am besten noch über Nacht einlegen und durchziehen lassen.

1. Lemon: Saft einer Limette/Zitrone, 2 EL Olivenöl, Salz, Pfeffer
2. asiatisch: 2 EL Chilisoße süß-pikant, 2 EL Sojasoße, 2 EL Öl
3. süß-fruchtig: 200 g passierte Tomaten, 2 EL Honig, 1 Zwiebel in Ringe geschnitten, Salz, Pfeffer

Wer es schärfer möchte, gibt Chiliflocken, scharfe Chilipaste oder Tabascosoße in die Marinade.

Vanille-Chia-Pudding

2 Portionen

Pro Portion: 343 kcal / 17 g F / 19,8 g KH / 15,4 g P

- 150 ml fettarme Milch
- 50 g fettarmer Naturjoghurt
- 3 EL Chiasamen
- Mark von 1/2 Vanilleschote bzw. 1 Msp. Vanillepulver
- 1 EL Agavendicksaft (oder Süßungsmittel nach Wahl)

Milch und Naturjoghurt in einer Schüssel vermischen. Chiasamen sowie Vanillemark einrühren und am besten über Nacht (oder mindestens 3 Stunden) im Kühlschrank quellen lassen. Nach 30–60 Min. nochmals kräftig umrühren.

Tipps und Aufbewahrung

Pudding in 2 Schraubgläser füllen, im Kühlschrank aufbewahren und innerhalb von 2–3 Tagen aufbrauchen.
Chia-Pudding lässt sich mit verschiedenen Beeren, Nüssen, Kokosraspeln oder anderen Toppings vielfältig variieren, z. B. mit 100 g Heidelbeeren oder gehackten Haselnüssen.

Apfelkompott

2 Portionen

Pro Portion: 171 kcal/0,3 g F/37,6 g KH/0,8 g P

4 süße Äpfel
2 EL Wasser
½ Zitrone
Zimt
bei Bedarf etwas Süßungsmittel, z. B. Honig oder Agavendicksaft

1. Die Äpfel schälen, vierteln und das Kerngehäuse entfernen.
2. Die Apfelviertel in kleine Würfel schneiden und anschließend mit dem Wasser und dem Saft der Zitrone in einen Topf geben und zum Kochen bringen.
3. Nun nach Belieben mit Zimt (und evtl. Süßungsmittel) abschmecken.
4. Bei mittlerer Hitze so lange köcheln, bis die Apfelstücke weich, aber noch nicht komplett zerfallen sind. Während des Köchelns immer wieder umrühren.

Tipps und Aufbewahrung

Das fertige, noch heiße Kompott in ein heiß ausgespültes Glas füllen und sofort verschließen. Abgekühlt im Kühlschrank lagern und in 3–4 Tagen verbrauchen. Das Apfelkompott schmeckt bei süßen Äpfeln auch ohne Süßungsmittel lecker.

Curry-Quinoa mit dicken Bohnen und Erbsen

Variation für Wochenplan 3 (S. 63/64), wir kochen zusätzlich noch 60 g Quinoa für Mi mit.

2 Portionen
Pro Portion: 353 kcal / 12,6 g F / 41,2 g KH / 13 g P

100 g ungekochte weiße Quinoa
500 ml Wasser
Salz
150 g gefrorene dicke Bohnen
100 g gefrorene Erbsen
2 EL Walnussöl (alternativ Olivenöl)
2 TL Curry oder Curry-Gewürzmischung (aus u. a. Kurkuma, Kreuzkümmel, Koriander)
Pfeffer

1. Quinoa in ein Sieb geben, mit heißem Wasser gründlich abspülen, abtropfen lassen und mit dem frischen Wasser und etwas Salz in einem Kochtopf zum Kochen bringen. Danach die Hitze reduzieren und Quinoa etwa 20 Min. lang fertig kochen. Anschließend in eine große Schüssel füllen und abkühlen lassen.
2. Währenddessen die dicken Bohnen in einem Topf mit kochendem Salzwasser etwa 8 Min. lang kochen. Die Erbsen in den letzten 2–3 Min. dazugeben und mitkochen. Bohnen und Erbsen in ein Sieb abgießen, abtropfen lassen und zur Quinoa in die Schüssel füllen.
3. Walnussöl und Currypulver untermischen und Couscous mit Salz und Pfeffer abschmecken.

Tipps und Aufbewahrung

In einen verschließbaren Vorratsbehälter geben und in den Kühlschrank stellen. Im Kühlschrank 3–4 Tage haltbar.

Meal-Prep-Tag 1 im zeitlichen Überblick

- Den Backofen auf 180 °C Umluft vorheizen.
- **15 Min.**
  Äpfel, Pfirsiche, Heidelbeeren und Zitronen waschen und abtrocknen. Gemüse wie Paprika, Baby-Kartoffeln, Karotten und Zucchini waschen und abtrocknen. Rosmarin waschen und trocken schütteln.
  Oatmeal (S. 65) zubereiten und abkühlen lassen. Erst später die Heidelbeeren und die Pfirsiche hinzufügen.

Ca. 50 Min. Bananenbrot (S. 69) Zutaten vermengen, in den Ofen schieben und 40–50 Min. backen.	30–35 Min. 200 g Quinoa kochen, danach abkühlen lassen. Währenddessen die dicken Bohnen in einem Topf mit kochendem Salzwasser etwa 8 Min. lang kochen. Die Erbsen in den letzten 2–3 Min. dazugeben und mitkochen. Bohnen und Erbsen in ein Sieb abgießen, abtropfen lassen.
Nach 30 Min. mit Alufolie abdecken, damit die Oberfläche nicht zu dunkel wird.	20 Min. Ofengemüse mit Quinoa und Kräuter-Feta (S. 67/68) vorbereiten: Gewaschene Paprika, Babykartoffeln, Karotten und Zucchini in mundgerechte Stücke schneiden. Auf einem mit Backpapier ausgelegten Backblech verteilen. Die Schale einer Zitrone abreiben und beiseitelegen. ½ Zitrone in Spalten schneiden. Die Knoblauchzehen ungeschält halbieren und zusammen mit den Zitronenspalten und dem gewaschenen Rosmarin ebenfalls auf dem Backblech verteilen.
Bananenbrot aus dem Ofen nehmen und abkühlen lassen.	Alles mit Olivenöl beträufeln, salzen und pfeffern und gründlich vermengen, sodass das Gemüse gleichmäßig mit dem Olivenöl benetzt ist. →

20 Min. Hähnchenbrustfilet (S. 70) anbraten 10 Min. Curry-Quinoa (S. 73) fertigstellen Die Hälfte der gekochten Quinoa mit den gekochten Erbsen und Bohnen vermischen. Walnussöl und Currypulver untermischen und Couscous mit Salz und Pfeffer abschmecken. In 2 verschließbare Vorratsbehälter füllen und in den Kühlschrank stellen.	30 Min. Backofen auf 200 °C Ober-/Unterhitze umstellen und Blech in den Ofen schieben und Gemüse ca. 30 Min. lang auf mittlerer Schiene im Backofen backen, bis es gar ist und teilweise eine goldgelbe Farbe angenommen hat. Ofengemüse aus dem Ofen nehmen. Ofen ausschalten.
10 Min. Pfirsich-Smoothie vorbereiten Dazu Pfirsiche zuschneiden, mit etwas Zitronensaft und Agavendicksaft beträufeln. In verschließbaren Vorratsbehälter in den Kühlschrank geben. Milch kommt erst kurz vor dem Verzehr hinzu, siehe Wochenplan. 1 Pfirsich in kleine Stücke schneiden und zusammen mit 30 g Heidelbeeren als Topping auf das Oatmeal mit Heidelbeeren und Pfirsich (S. 65) geben. In den Kühlschrank stellen. Vanille-Chia-Pudding zubereiten, mit 70 g Heidelbeeren toppen, in 2 Schraubgläser abfüllen und in den Kühlschrank stellen. →	15 Min. Apfelkompott (S. 72) zubereiten und noch heiß abfüllen.

10 Min. 1 Hähnchenbrustfilet in Scheiben schneiden und zusammen mit der Hälfte des Ofengemüses (S. 67/68) und 1/3 der gekochten Quinoa in Aufbewahrungsbehälter füllen, in den Kühlschrank stellen. Restliches Ofengemüse zusammen mit dem Kräuter-Feta (S. 67/68) zubereiten, in Aufbewahrungsbehälter füllen und in den Kühlschrank stellen. Abgekühltes Bananenbrot in Aufbewahrungsbehälter legen und kühl lagern.	

Innerhalb von 120 Min. sollte der 1. Meal-Prep-Teil der Woche 3 erledigt sein.

Bedarfsliste 2

- ☐ 400 g Kartoffeln, festkochend
- ☐ 4 Tomaten
- ☐ 2 Knoblauchzehen
- ☐ 500 g passierte Tomaten
- ☐ 100 g Himbeeren
- ☐ 50 g Speck
- ☐ 30 g Parmesan
- ☐ 200 ml fettarme Milch
- ☐ 70 g fettarmer Naturjoghurt
- ☐ 1 kleines Ei
- ☐ 150 g Mehl
- ☐ 4 EL Chiasamen
- ☐ 1 EL Kakao, ungesüßt
- ☐ Süßungsmittel nach Wahl, z. B. Agavendicksaft, Honig, Xylit, Vollrohrzucker, Kokosblütenzucker
- ☐ Gewürze nach Wahl: Salz, Pfeffer
- ☐ Oregano, getrocknet
- ☐ Rosmarin, getrocknet

Die Rezepte der Woche (Do-Fr)

Schokoladen-Chia-Pudding

2 Portionen
Pro Portion: 224 kcal / 9,6 g F / 20,1 g KH / 10,5 g P

200 ml fettarme Milch
70 g fettarmer Naturjoghurt
4 EL Chiasamen
1 EL Kakao, ungesüßt
1 EL Agavendicksaft oder anderes Süßungsmittel, z. B. Honig, Xylit, Vollrohrzucker, Kokosblütenzucker

1. Milch und Naturjoghurt in einer Schüssel vermischen.
2. Chiasamen, Kakao sowie Agavendicksaft einrühren. Am besten über Nacht (oder mindestens 3 Stunden) im Kühlschrank quellen lassen. Nach 30–60 Min. nochmals kräftig umrühren.

Tipps und Aufbewahrung

Zum Pudding passen Blaubeeren und gehobelte Mandeln sehr gut.
Pudding in ein verschließbares Gefäß füllen, im Kühlschrank lagern und in 2–3 Tagen verzehren.
Trockene Zutaten wie Chiasamen, Kakaopulver und trockenes Süßungsmittel kann man bereits am Meal-Prep-Tag in mehrere Schraubgläser füllen. Am Abend vor dem Verzehr müssen dann nur noch Milch und Joghurt eingerührt werden.

Gnocchi

2 Portionen

Pro Portion: 450 kcal/3,3 g F/86 g KH/14,6 g P

1 kleines Ei
400 g Kartoffeln, festkochend
100–150 g Mehl
1 1/2 TL Salz

1. Die Kartoffeln kochen, bis sie gar sind. Kurz abkühlen lassen, anschließend pellen und durch eine Kartoffelpresse drücken.
2. Wasser zum Kochen der Gnocchi erhitzen und salzen.
3. Ei und Salz unterrühren.
4. 100 g Mehl dazugeben und erst grob mit dem Holzlöffel vermengen, anschließend mit den Händen kneten. Wenn der Teig noch zu klebrig ist, mehr Mehl dazugeben.
5. Den Teig in 4 Portionen teilen und jeweils auf einer gut bemehlten Arbeitsfläche zu einer ca. 1,5 cm dicken Wurst rollen. Mit einem Messer oder Teigschaber 2–3 cm dicke Stücken schneiden. Das Messer dabei immer wieder mit Mehl bestäuben. Für das typische Muster können die einzelnen Gnocchi noch über die Zacken einer Gabel gerollt werden. Die fertig geformten Gnocchi in köchelndes Salzwasser geben. Sobald sie oben schwimmen, sind die Gnocchi fertig und können mit einer Schöpfkelle aus dem Wasser genommen werden.
6. Abkühlen lassen und in einen Aufbewahrungsbehälter füllen bzw. portionieren, im Kühlschrank lagern.

Tipps und Aufbewahrung

Dazu passt Tomatensoße stückig (S. 59). Lässt sich prima mit Speck/Schinken und Käse variieren.

Im Kühlschrank haltbar 3–4 Tage.

Meal-Prep-Tag 2 im zeitlichen Überblick

35 Min. Kartoffeln für Gnocchi (S. 79) kochen.	<5 Min. Tomaten und Himbeeren waschen und abtrocknen. 15 Min. Tomatensoße stückig (S. 59) zubereiten und noch heiß abfüllen. 5 Min. Schokoladen-Chia-Pudding (S. 78) vorbereiten, in 2 Gläser abfüllen und in den Kühlschrank stellen. Wasser für die Gnocchi zum Kochen bringen und salzen.
25 Min. Gnocchi (S. 79) zubereiten, kochen, abkühlen lassen. 1 Portion in einen Aufbewahrungsbehälter in den Kühlschrank stellen. Die andere Portion zusammen mit Speck und Parmesan in einer Pfanne kurz anbraten, abkühlen lassen und auch abpacken.	

Meal-Prep-Teil 2 der Woche 3 ist in ca. 60 Min. erledigt.

Wochenplan 4

Vorhaben und Voraussetzungen

- Frühstück, Snacks und Abendessen für 5 Tage ersetzen.
- Mittags z. B. gute Essmöglichkeiten mit Bio-Salat-Bar etc.
- Abends warmes Essen – mit Fleisch, Schinken und Garnelen.
- Gefrierfach steht zur Verfügung.

In den Tag gestartet wird mit frisch gemixten Smoothies. Unter der Woche morgens sind dazu höchstens 5 Min. nötig: Vorbereitetes Obst aus dem Gefrierfach nehmen, evtl. kurz antauen lassen. Zusammen mit Milch/Flüssigkeit nach Rezept frisch aufmixen.

Sa	Planung für die Woche und Einkauf Bedarfsliste (S. 82)		
So	Meal-Prep-Tag (S. 83/84)		
	Frühstück	Snack für die Arbeit	Abendessen
Mo	Himbeer-Haferflocken-Smoothie (S. 34)	Granola Bars (S. 88)	Spaghetti bolognese **(120 g Spaghetti, 1 Portion** Tomatensoße stückig (S. 59), **gemischt mit 150 g krümelig angebratenem Hackfleisch)**
Di	Grüner Smoothie (S. 86)	Granola Bars (S. 88)	Gebratene Garnelen (S. 89) dazu 2 Portionen Ofengemüse (S. 91) und 100 g Reis
Mi	Pfirsich-Smoothie (S. 66)	Granola Bars (S. 88)	Hackbällchen mit Tomatensoße und Reis (S. 95)
Do	Erdbeer-Bananen-Spinat-Smoothie (S. 86)	Granola Bars (S. 88)	Überbackenes Ofengemüse (S. 92)
Fr	Beeren-Smoothie (S. 87)	Granola Bars (S. 88)	Garnelenspaghetti (S. 90)

Bedarfsliste

- ☐ 250 g Himbeeren
- ☐ 360 g Erdbeeren
- ☐ 100 g Heidelbeeren
- ☐ 2 mittelgroße Banane
- ☐ 1 Kiwi
- ☐ ½ Apfel
- ☐ 2 Pfirsiche
- ☐ 2 Knoblauchzehen
- ☐ 4 Tomaten
- ☐ 2 rote Zwiebeln
- ☐ 1 Zwiebel
- ☐ 2 mittelgroße Zucchini
- ☐ 2 grüne Paprika
- ☐ 2 rote Paprika
- ☐ 70 g Gurke
- ☐ 4 Handvoll Babyspinat
- ☐ 4 Stängel Petersilie
- ☐ 1 Stängel Minze
- ☐ 500 g passierte Tomaten
- ☐ 825 ml fettarme Milch
- ☐ 50 g Butter
- ☐ 50 g geraspelter Käse
- ☐ 10 g Parmesan
- ☐ 1 Ei + 1 Eiklar
- ☐ 275 g Hackfleisch
- ☐ 100 g Schinken
- ☐ 250 g (Riesen-)Garnelen (küchenfertig)
- ☐ 50 g Nüsse und/oder Saaten nach Wahl
- ☐ 25 g Cranberrys (oder andere getrocknete Früchte nach Wahl)
- ☐ 100 g feine Haferflocken
- ☐ 50 g grobe Haferflocken
- ☐ 220 g Spaghetti (Rohgewicht)
- ☐ 200 g Reis Rohgewicht
- ☐ 4 EL Zitronensaft
- ☐ 150 ml Kokoswasser oder Wasser
- ☐ Süßungsmittel nach Wahl, z. B. Agavendicksaft, Honig, Xylit ...
- ☐ Senf
- ☐ Gewürze nach Wahl: Salz, Pfeffer, Chilipulver, Paprikapulver
- ☐ Oregano, Rosmarin, Kräuter der Provence getrocknet
- ☐ Zimt
- ☐ Vanillepulver
- ☐ Öl, z. B. Olivenöl

Meal-Prep-Tag im zeitlichen Überblick

- Den Backofen auf 150 °C Umluft vorheizen.
- **5–10 Min.**
  Granola Bars (S. 88) vorbereiten: Zutaten vermengen und auf das Backpapier streichen.

Diese Arbeiten können parallel ausgeführt werden:

25–30 Min. Blech mit Granola-Masse in den Ofen schieben und ca. 20–25 Min. im Ofen goldbraun backen.	20–25 Min. 200 g Reis nach Packungsanleitung zubereiten. Danach abkühlen lassen.	5 Min. Himbeeren, Erdbeeren, Heidelbeeren, Apfel, Pfirsiche, Tomaten, Paprika und Gurke waschen und abtrocknen. Babyspinat, Petersilie und Minze waschen und trocken schütteln. 15 Min. Smoothie-Kombis nach S. 86–87 vorbereiten, in Gefrierbehälter packen und einfrieren.
Granola aus dem Ofen nehmen. Backofen auf 180 °C Umluft stellen. Kurz abkühlen lassen und noch warm in Stücke schneiden	15 Min. Gemüse für Ofengemüse (S. 91) vorbereiten. Ein Backblech mit Backpapier auslegen und die Hälfte des Bleches mit der Hälfte des Ofengemüses befüllen. Die andere Hälfte in eine kleine Auflaufform geben, mit Schinken mischen und mit Käse bestreuen, siehe Überbackenes Ofengemüse (S. 92) →	20 Min. 220 g Spaghetti nach Packungsanleitung zubereiten, danach abseihen und mit 1 EL Öl durchmischen, damit sie nicht verklumpen.

	25–30 Min. Ofengemüse und überbackenes Gemüse im Ofen backen. Aus dem Ofen nehmen und abkühlen lassen	25 Min. (Ziehzeit in der Marinade inklusive) Gebratene Garnelen (S. 89) zubereiten
	20 Min. Hackbällchen (S. 94) braten. 10 Min. Spaghetti bolognese: Soße zusammenstellen. Hackfleisch krümelig braten, mit 1 Portion Tomatensoße stückig vermischen (Achtung: 2 EL Soße für die Garnelenspaghetti entnehmen), dann abkühlen lassen.	15 Min. Tomatensoße stückig (S. 59) zubereiten

- **10 Min. Portionieren**
  Nach dem Abkühlen können die Gerichte in Aufbewahrungsbehälter portioniert und danach eingefroren werden:
  - Die Hälfte der gekochten Spaghetti mit der Bolognese-Soße (da dieses Gericht gleich am Mo verzehrt wird, im Kühlschrank lagern)
  - Die Hälfte der Garnelen mit dem Ofengemüse vom Blech und die Hälfte vom Reis als Menü für das Abendessen am Di
  - Hackbällchen und Tomatensoße vermischen, mit der restlichen Hälfte vom Reis (evtl. Trennung zwischen Reis und den Hackbällchen in Tomatensoße) für Menü am Mi
  - Die restliche Hälfte der Garnelen vermischt mit der restlichen Tomatensoße und den restlichen Spaghetti als Garnelenspaghetti-Menü, S. 90
- Granola Bars möglichst in Glas oder Metalldose aufbewahren, kühl lagern.

Die Meal-Prep-Zeit beträgt ca. 120 Min.

Smoothies und Shakes

Tipps und Aufbewahrung

Milch durch Pflanzenmilch ersetzen: Wenn man die Milch in den nachfolgenden Rezepten durch Pflanzenmilch, Wasser oder Säfte ersetzt, können die Smoothies auch vegan zubereitet werden.

Die Süße kann nach Belieben z. B. durch die Verwendung von Kokosblütenzucker, Honig oder Xylit variiert werden.

Falls Sie einen guten Hochleistungsmixer besitzen, müssen Sie das Obst nicht so klein zurechtschneiden.

Smoothie-Bestandteile am besten einfrieren und am Tag des Verzehrs mit Milch/Flüssigkeit frisch aufmixen.

Falls Sie kein Tiefkühlfach zur Verfügung haben, können Sie z. B. die Beeren bereits vorbereiten und dann 2–3 Tage im Kühlschrank aufbewahren. Erst vor dem Verzehr kommen dann Banane, Agavendicksaft und Flüssigkeit hinzu.

Grüner Smoothie

1 Portion

Pro Portion: 190 kcal / 1,9 g F / 31,6 g KH / 6 g P

1 Kiwi
70 g Gurke
½ Apfel
2 Handvoll Babyspinat
1 Stängel Minze
150 ml Kokoswasser oder Wasser

Zubereitung: siehe Rezept Beeren-Smoothie, S. 87

Erdbeer-Bananen-Spinat-Smoothie

1 Portion

Pro Portion: 317 kcal / 4,4 g F / 52,6 g KH / 12 g P

180 g Erdbeeren
1 mittelgroße Banane
2 Handvoll Babyspinat
½ TL Zimt
200 ml fettarme Milch

Zubereitung: siehe Rezept Beeren-Smoothie, S. 87

Beeren-Smoothie

1 Portion

Pro Portion: 317 kcal/5,5 g F/46,6 g KH/12,2 g P

180 g Erdbeeren
125 g Himbeeren
100 g Heidelbeeren
1 EL Agavendicksaft
250 ml fettarme Milch

1. Gewünschtes Obst oder Gemüse wenn nötig schälen, putzen, waschen, trocken tupfen, eventuell Kerne entfernen und Fruchtfleisch klein schneiden.
2. Obst in eine verschließbare Aufbewahrungsbox geben, mit Agavendicksaft beträufeln und einfrieren.
3. Vor dem Verzehr mit fettarmer Milch oder einer anderen Flüssigkeit in einem Mixer zu einem Smoothie verarbeiten bzw. wenn man den Smoothie zur Arbeit mitnehmen möchte, dann noch zu Hause mixen und in ein verschließbares Glas umfüllen und dort im Kühlschrank bis zum Verzehr (am gleichen Tag!) lagern.

Granola Bars

5 Stück

Pro Stück: 250 kcal / 15,3 g F / 21 g KH / 5,6 g P

- 50 g Nüsse und / oder Saaten nach Wahl
- 25 g Cranberrys (oder andere getrocknete Früchte nach Wahl)
- 50 g Butter
- 30 g flüssiger Honig
- 1 TL Zimt
- 1/2 TL Vanillepulver
- 50 g grobe Haferflocken
- 50 g feine Haferflocken
- 1 Eiklar

1. Backofen auf 150 °C Umluft vorheizen.
2. Nüsse und Cranberrys hacken.
3. Butter in einem Topf schmelzen, mit Honig, Zimt und Vanille glatt rühren und in eine Schüssel umfüllen.
4. Haferflocken Nüsse und Cranberrys zur Buttermasse geben und gut vermischen.
5. Eiklar in einer Schüssel steif schlagen und unter die Haferflockenmasse rühren.
6. Die Müslimasse nun auf einem mit Backpapier ausgelegten Backblech zu einem Rechteck verstreichen und ca. 20–25 Min. im Ofen goldbraun backen.
7. Anschließend etwas abkühlen lassen und dann in Riegel schneiden.

Tipps und Aufbewahrung

Die Granola Bars vollständig auskühlen lassen und dann in einem verschließbaren Behälter kühl lagern. Innerhalb von 2 Wochen verbrauchen.

Gebratene Garnelen

2 Portionen
Pro Portion: 105 kcal / 0,5 g F / 16,9 g KH / 5,9 g P

2 EL Öl
3 EL Zitronensaft
Salz, Pfeffer, Chilipulver nach Geschmack
250 g (Riesen-)Garnelen (küchenfertig)

1. Aus Zitronensaft, Öl und Gewürzen nach Belieben eine Marinade zubereiten.
2. Marinade über die Garnelen geben, gut vermischen und im Kühlschrank 10 Min. durchziehen lassen.
3. Danach in der Pfanne durchbraten.

Tipps und Aufbewahrung

Wenn man Garnelenspieße machen möchte, sollte man die Garnelen erst auf Holzspieße stecken und dann in die Marinade legen.
Küchenfertige Garnelen kann man in Gerichten auch gut mitkochen.
Angebraten können sie vielseitig kombiniert werden: in Salaten, als Beilage, in Nudel- und Reispfanne, als Brötchenbelag usw.
Im Kühlschrank lagern und innerhalb von 1–2 Tagen verzehren.

Garnelenspaghetti

Variation zu Gebratene Garnelen (S. 89) und Tomatensoße stückig (S. 59)

1 Portion
Pro Portion: 591 kcal / 15,5 g F / 89 g KH / 19 g P

100 g Spaghetti (Rohgewicht)
1 EL Öl
1 Portion gebratene Garnelen (S. 89)
2 EL Tomatensoße stückig (S. 59)

1. Spaghetti nach Packungsanleitung kochen, abseihen und 1 EL Öl unter die Nudeln mischen
2. Tomatensoße und gebratene Garnelen hinzufügen und alles vermischen.

Tipps und Aufbewahrung

Im Kühlschrank 1–2 Tage haltbar.
Durch das Untermischen des Öls verhindert man das Verklumpen der Nudeln.

Ofengemüse

4 Portionen

Pro Portion: 64 kcal/8 g F/11,7 g KH/4,5 g P

2 rote Zwiebeln
2 mittelgroße Zucchini
2 grüne Paprika
2 rote Paprika
2 EL Olivenöl
1 EL Kräuter der Provence
Salz, Pfeffer

1. Backofen auf 180 °C Umluft vorheizen.
2. Zwiebeln abziehen und würfeln.
3. Zucchini und Paprika putzen, waschen, in Würfel schneiden.
4. Gemüse in einer Schüssel mit dem Olivenöl sowie den Kräutern mischen. Mit Salz und Pfeffer abschmecken.
5. In einer hitzefesten Aluminiumschale das Gemüse auf vier Portionen aufteilen. Die Aluminiumschale dafür gegebenenfalls mit Aluminiumfolie in Viertel unterteilen (oder ein Blech mit Backpapier auslegen).
6. Gemüse ca. 20–25 Min. im Ofen garen.
7. Vollständig auskühlen lassen und dann in den gewünschten Portionen in Aufbewahrungsbehälter abfüllen und im Kühlschrank lagern.

Tipps und Aufbewahrung

Das Gemüse in den einzelnen Vierteln kann auch unterschiedlich gewürzt werden, mal mediterran, mal asiatisch … So schmeckt das gleiche Gemüse jedes Mal anders.

Im Kühlschrank 3–4 Tage lang haltbar.

Zahlreiche Variationen möglich, z. B. kann man das Gemüse mit Käse überbacken, in Suppen oder Soßen mischen, zu Fleisch kombinieren …

Überbackenes Ofengemüse

Variation Ofengemüse (S. 91)

1 Portion
Pro Portion: 474 kcal / 42,4 g F / 24,3 g KH / 35,4 g P

2 Portionen rohes Gemüse, z. B. von Ofengemüse (S. 91)
100 g Schinken
50 g geraspelter Käse

1. Backofen auf 180 °C Umluft vorheizen.
2. Schinken in Würfel schneiden und unter das Ofengemüse mischen.
3. Mit geraspeltem Käse bestreuen und 20–25 Min. backen.
4. Vollständig abkühlen lassen und in Aufbewahrungsbehältern im Kühlschrank lagern.

Tipps und Aufbewahrung

Im Kühlschrank 2–3 Tage haltbar.

Gebratene Garnelen mit Ofengemüse und Reis

Variation aus Gebratene Garnelen (S. 89) und Ofengemüse (S. 91)

1 Portion
Pro Portion: 585 kcal / 18,7 g F / 114,4 g KH / 22,7 g P

1 Portion gebratene Garnelen (S. 89)
2 Portionen Ofengemüse (S. 91)
100 g Reis (Rohgewicht)

1. Reis nach Packungsanleitung zubereiten.
2. Die Garnelen zusammen mit Ofengemüse und Reis in Aufbewahrungsbehälter füllen und im Kühlschrank lagern.

Tipps und Aufbewahrung

Im Kühlschrank lagern und innerhalb von 1–2 Tagen verzehren.

Hackbällchen

1 Portion

Pro Portion: 372 kcal / 25,8 g F / 3,7 g KH / 32 g P

1 Zwiebel
3 Stängel Petersilie
125 g Hackfleisch (z. B. von Schwein, Rind oder Pute)
10 g Parmesan
1 Ei
1 TL Senf
Salz, Pfeffer, Paprika
1 EL Öl

1. Zwiebel abziehen und in kleine Würfel schneiden.
2. Petersilie waschen, trocken schütteln und hacken.
3. Zwiebel, Petersilie, Hackfleisch, Parmesan, Ei und Senf in einer Schüssel gut miteinander vermengen, mit den Gewürzen abschmecken und Bällchen in der gewünschten Größe formen.
4. Öl in einer Pfanne erhitzen und die Hackbällchen unter regelmäßigem Wenden rundum anbraten (ca. 10–15 Min. je nach Größe).

Tipps und Aufbewahrung

Man kann die Hackfleischbällchen fertig gebraten auch auf Spieße stecken und als Snack mit Gemüse und Dip essen.
Zusammen mit einer Tomatensoße (siehe z. B. S. 59) ergibt es eine tolle Beilage zu Reis oder auch Nudeln.
Im geschlossenen Behälter im Kühlschrank bis zu 3 Tage haltbar.

Hackbällchen mit Tomatensoße zu Reis

Variation zu Hackbällchen (S. 94) und Tomatensoße stückig (S. 59)

1 Portion

Pro Portion: 829 kcal / 28,5 g F / 94,7 g KH / 45,7 g P

100 g Reis (Rohgewicht)
1 Portion Hackbällchen (S. 94)
1 Portion Tomatensoße stückig (S. 59)

1. Reis nach Packungsanleitung zubereiten.
2. Hackbällchen und Tomatensoße mischen und zusammen mit dem gekochten Reis in einen Vorratsbehälter füllen.

Tipps und Aufbewahrung

Im Kühlschrank lagern und innerhalb von 2–3 Tagen verzehren.

Wochenplan 5

Vorhaben und Voraussetzungen

- Frühstück, Mittag, Snack und Abendessen für 5 Tage ersetzen.
- Mittags keine Möglichkeit, Gerichte aufzuwärmen.
- Nur abends warm essen.
- Kein Fleisch, aber Fisch.
- Es steht kein Gefrierfach zur Verfügung.

Sa	Planung für die Woche und Einkauf Bedarfsliste 1 (S. 97)			
So	Meal-Prep-Tag 1			
	Frühstück	Mittagessen to go	Snacks	Abendessen
Mo	Overnight Oats (S. 99) mit Himbeeren	Quinoa-Spargel-Salat (S. 100)	Nuss-Snack (S. 101), ½ Avocado, 1 Tomate	Lachs mit grünem Spargel (S. 102/103)
Di	Nuss-Granola (S. 98) mit 200 g Joghurt und 50 g Himbeeren	Lachs-Salat (S. 104)	1 Apfel, Nuss-Snack (S. 101)	Spinat-Quinoa-Bratlinge (S. 106/107) mit Hummus (S. 105)
Mi	Nuss-Granola (S. 98) in 250 ml warmer Milch/Kakao Abends: Einkauf Bedarfsliste 2 (S. 109) Meal-Prep-Tag 2	Quinoa-Spargel-Salat (S. 100)	1 Banane, Nuss-Snack (S. 101)	Burger mit Spinat-Quinoa-Bratling und Hummus (S. 108)
Do	Overnight Oats (S. 99) mit Heidelbeeren	Griechischer Salat to go (S. 110/111)	200 g Joghurt vermischt mit 1 Portion Nuss-Granola (S. 98)	Überbackene rote Linsenpaste (S. 112/113)

→

Fr	Nuss-Granola (S. 98) mit 200 g Joghurt und 50 g Heidelbeeren	Griechischer Salat to go (S. 110/111)	1 Apfel, Nuss-Snack (S. 101)	Überbackene rote Linsenpaste (S. 112/113)

Bedarfsliste 1 für Meal-Prep-Tag 1

- ☐ 100 g Himbeeren
- ☐ 1 Banane
- ☐ 1 Apfel
- ☐ 2 Bund grüner Spargel
- ☐ 60 g Radieschen
- ☐ 310 g Rucola
- ☐ 80 g Spinat
- ☐ 1 Tomate
- ☐ 10 Stängel Schnittlauch
- ☐ 1 kleine Zwiebel
- ☐ ½ Knoblauchzehe, geschält
- ☐ 100 g Kirschtomaten
- ☐ 1 Avcado
- ☐ 550 ml Milch (oder eine pflanzliche Alternative)
- ☐ 10 EL Naturjoghurt + 200 g Joghurt
- ☐ 220 g Schafskäse /Feta
- ☐ 2 Lachsfilet
- ☐ 2 Eier
- ☐ 220 g Kichererbsen, gekocht
- ☐ 220 g Quinoa
- ☐ 250 g Haferflocken
- ☐ 1 Vollkornbrötchen
- ☐ 290 g Nüsse oder Kerne nach Wahl, z. B. Mandeln, Haselnüssen, Walnüssen oder Cashewkernen
- ☐ 20 g Pekannüsse oder Mandeln
- ☐ 2 EL Rosinen
- ☐ 30 g flüssiges Kokosöl
- ☐ 9 EL Zitronensaft + ½ Bio-Zitrone
- ☐ Süßungsmittel nach Wahl, z. B. Rohrohrzucker, Ahornsirup, Honig
- ☐ Meersalz
- ☐ je 1 TL schwarze und gelbe Senfkörner
- ☐ 1 EL süßer Senf
- ☐ 1 EL Tahin
- ☐ Gewürze nach Wahl: Salz, Pfeffer, Paprikapulver
- ☐ Zimt
- ☐ Vanillepulver
- ☐ Öl, z. B. Olivenöl

Die Rezepte der Woche (Mo-Mi)

Nuss-Granola

6 Portionen
Pro Portion (60 g): 293 kcal / 15,3 g F / 28,5 g KH / 8,5 g P

90 g verschiedene Nüsse und Kerne
(z. B. Mandeln, Haselnüsse, Cashewkerne)
200 g Haferflocken
30 g brauner Rohrohrzucker
30 g flüssiges Kokosöl
30 g Ahornsirup
½ TL Zimt
½ TL gemahlene Vanille
Prise Salz

1. Den Backofen auf 175 °C Umluft vorheizen.
2. Nüsse und Kerne grob hacken und in einer Schüssel mit den restlichen Zutaten vermengen.
3. Das Granola auf einem mit Backpapier belegten Backblech dünn verteilen.
4. Blech in den Ofen schieben und Granola insgesamt ca. 40 Min. im Ofen rösten. Nach 20 Min. wenden und gut aufpassen, dass es nicht zu dunkel wird.

Tipps und Aufbewahrung

Granola vollständig auskühlen lassen und danach in ein Metall- oder Glasgefäß umfüllen, so bleibt es schön knusprig. Kühl gelagert ist es ca. 1–2 Wochen haltbar.

Overnight Oats

1 Portion

Pro Portion: 496 kcal / 14,2 g F / 67,2 g KH / 16,3 g P

150 ml Milch (oder eine pflanzliche Alternative)
1 Portion Nuss-Granola (S. 98) oder 80 g Haferflocken + 1 TL Süßungsmittel
50 g frische Beeren (z. B. Himbeeren, Heidelbeeren oder Brombeeren)

1. Milch und Müsli in einer Schüssel vermischen und über Nacht zugedeckt in den Kühlschrank stellen.
2. Beeren waschen, putzen und abtropfen lassen.
3. Auf die Overnight Oats legen.

Tipps und Aufbewahrung

Overnight Oats in ein verschließbares Gefäß füllen, innerhalb von 2–3 Tagen verzehren.

Mit diesem Grundrezept lassen sich viele Variationen kreieren:

1. Peanut-Choc-Oats: 1 EL Erdnussbutter und 1 TL Kakaopulver in die Oats rühren, mit gehackter Schokolade toppen.
2. Maple-Nuss: 1 EL gehackte Nüsse und 1 EL Ahornsirup zugeben.
3. Blaubeer-Mandel: 2 EL Blaubeeren und 1 EL gehackte Mandeln hinzufügen.

Quinoa-Spargel-Salat

1 Portion

Pro Portion: 621 kcal/31,5 g F/53 g KH/25,8 g P

- 60 g Quinoa
- 2-3 EL Zitronensaft
- Salz, Pfeffer
- ½ Bund grüner Spargel
- 30 g Radieschen
- 100 g Rucola
- 10 g Pekannüsse oder Mandeln
- 1 EL Rosinen
- 60 g Schafskäse
- 1 EL Olivenöl

1. Quinoa laut Packungsanleitung zubereiten.
2. Mit 1–2 EL Zitronensaft sowie Salz und Pfeffer würzen.
3. Wasser mit etwas Salz in einem Topf zum Kochen bringen. Spargel waschen, die harten Enden eventuell abschneiden und Spargel dann im kochenden Wasser 1–2 Min. blanchieren. Danach sofort in Eiswasser abschrecken. Spargelstangen in 3 Teile schneiden.
4. Radieschen putzen, waschen, abtrocknen und in Scheiben schneiden.
5. Rucola waschen, trocken schleudern und klein zupfen.
6. Pekannüsse hacken.
7. Quinoa, Rucola, Spargel, Radieschen, Rosinen und Pekannüsse in einem Aufbewahrungsbehälter vermischen. Schafskäse auf den Salat bröckeln und mit Olivenöl, evtl. noch etwas Zitronensaft, Salz und Pfeffer abschmecken. Behälter verschließen und in den Kühlschrank stellen.

Tipps und Aufbewahrung

Im Kühlschrank 2–3 Tage haltbar.

Nuss-Snack

4 Portionen

Pro Portion: 313 kcal / 26,5 g F / 6 g KH / 11 g P

Aus 200 g Nüssen oder Kernen, z. B. Mandeln, Haselnüssen, Walnüssen oder Cashewkernen eine eigene Knabber-Nussmischung zusammenstellen

Tipps und Aufbewahrung

Nussmischung in ein Schraubglas füllen, verschließen und trocken lagern. Sie hält so bis zu 4 Wochen.
Einzelne Portionen in kleine Gläschen abfüllen oder Muffinförmchen befüllen und in einen Aufbewahrungsbehälter legen. Jedes Mal, wenn man sein Gericht für unterwegs mitnimmt, eine Portion herausnehmen und in die To-go-Box einlegen.

Lachs mit grünem Spargel

1 Portion
Pro Portion: 419 kcal/21,3 g F/21,5 g KH/33,6 g P

1 Lachsfilet
Meersalz
je ½ TL schwarze und gelbe Senfkörner
50 g Rucola
50 g Kirschtomaten
½ Bund grüner Spargel

Für das Honig-Senf-Dressing
½ Bio-Zitrone
1 EL Honig
½ EL süßer Senf
4-5 EL Naturjoghurt
Salz, Pfeffer
5 Stängel Schnittlauch

1. Backofen auf 180 °C Umluft vorheizen.
2. Lachsfilet mit Meersalz und den Senfkörnern einreiben, in eine hitzebeständige Form legen und im Ofen ca. 25 Min. backen, bis der Fisch gar ist.
3. Rucola waschen, trocken schleudern und in kleine Stücke zupfen.
4. Kirschtomaten waschen, abtrocknen und halbieren.
5. Währenddessen Wasser mit etwas Salz in einem Topf zum Kochen bringen. Den Spargel waschen, harte Enden eventuell abschneiden und dann Spargel 1–2 Min. im kochenden Wasser blanchieren. Danach sofort in Eiswasser abschrecken.
6. Zitrone gut abwaschen, halbieren und eine Hälfte auspressen. Eine Scheibe für die Dekoration abschneiden.
7. Honig, Senf und Naturjoghurt in einer Schüssel zu einem Dressing vermischen und mit Zitronensaft, Salz und Pfeffer abschmecken. In einen Extra-Behälter abfüllen.

8. Schnittlauch waschen, trocken schütteln und in kleine Röllchen schneiden.
9. Lachs mit Spargel, Kirschtomaten, Rucola und Zitronenscheiben in einen Vorratsbehälter füllen und mit den Schnittlauchröllchen bestreuen.
10. Das Honig-Senf-Dressing erst kurz vor dem Verzehr hinzufügen.

Wichtiger Hinweis für Woche 5:
Für den Lachs-Salat am Di die doppelte Menge Lachs und Dressing von diesem Rezept zubereiten. Zutaten sind bereits in die Bedarfsliste mit aufgenommen.

Tipps und Aufbewahrung

Das Gericht hält sich im Kühlschrank 1–2 Tage.
Spargel kann blanchiert auch sehr gut eingefroren und als gute Kombinationszutat für Fleisch, Reis und Co. verwendet werden.

Lachs-Salat

1 Portion
Pro Portion: 574 kcal / 36,5 g F / 23,5 g KH / 32,5 g P

Doppelte Menge Lachs und Dressing vom Rezept Lachs mit grünem Spargel (S. 102/103) zubereiten, und schon hat man die Grundzutaten für diesen schnellen Lachs-Salat parat. Hinzu kommen noch:

50 g Kirschtomaten
1 kleine Zwiebel
1/2 Avocado
2 EL Zitronensaft
30 g Rucola

1. Tomaten waschen und in kleine Stücke schneiden.
2. Zwiebel abziehen und in kleine Streifen schneiden.
3. Avocado halbieren, schälen und eine Hälfte in kleine Stücke schneiden. Mit 1 EL Zitronensaft beträufeln. (Die Hälfte mit Kern ebenfalls mit 1 EL Zitronensaft beträufeln und mit Frischhaltefolie abgedeckt in den Kühlschrank legen für den Snack am Mo)
4. Lachs aus Zubereitung S. 102/103 in kleine Stücke teilen.
5. Rucola waschen und trocken schütteln.
6. Die Zutaten in ein Einmachglas schichten und verschließen.
7. In den Kühlschrank stellen und kurz vor Verzehr mit 1 Portion Honig-Joghurt-Dressing (S. 102/103) vermischen.

Hummus

2 Portionen

Pro Portion: 127 kcal / 4,4 g F / 11,9 g KH / 5,9 g P

220 g Kichererbsen, gekocht
50 ml Wasser
½ Knoblauchzehe, geschält
1 EL Tahin
1 TL Paprikapulver
1 EL Zitronensaft
Salz

1. Sämtliche Zutaten in einem Mixer bzw. mit einem Pürierstab zu einer homogenen Masse mixen.
2. Mit Salz abschmecken.
3. Hummus in ein Schraubglas abfüllen, im Kühlschrank lagern

Tipps und Aufbewahrung

Im Kühlschrank bis zu einer Woche haltbar.
Zur Aufbewahrung größerer Mengen die Masse in ein Schraubglas abfüllen und mit Öl (z. B. Olivenöl) bedecken (ca. 5 mm) wie bei einem Pesto.
Wenn der Hummus mit Öl bedeckt ist, hält er sich länger, im Kühlschrank ca. 2–3 Wochen. Aber immer darauf achten, den Hummus mit sauberem Besteck aus dem Glas zu holen (also kein Messer mit Butterrückständen etc.).

Spinat-Quinoa-Bratlinge

5 Stück

Pro Stück: 230 kcal / 12,1 g F / 19 g KH / 10,27 g P

100 g weiße Quinoa, roh (oder ca. 600 g gekochte Quinoa)
500 ml Wasser
Salz
80 g frischer Spinat
100 g Feta-Käse
50 g Haferflocken
2 Eier
Pfeffer
2 EL Öl, z. B. Kokosöl

1. Quinoa in ein Sieb geben, mit heißem Wasser gründlich spülen und abtropfen lassen.
2. Quinoa, Wasser und etwas Salz in einem Kochtopf zum Kochen bringen. Die Hitze reduzieren und Quinoa etwa 20 Min. lang fertig kochen. Danach in eine Schüssel umfüllen und abkühlen lassen.
3. Spinat waschen, abtropfen lassen und hacken.
4. Feta grob zerbröseln.
5. Haferflocken, Eier, Spinat sowie etwas Salz und Pfeffer zur Quinoa in die Schüssel geben und alles gründlich miteinander vermengen. Zuletzt den Feta vorsichtig unterheben.
6. Öl in einer großen Pfanne bei mittlerer bis starker Hitze erwärmen.
7. Mithilfe eines Löffels Häufchen in die Pfanne setzen. Mit der Unterseite des Löffels jedes der Häufchen platt drücken und formen, bis es rund ist. Bei mittlerer Hitze die Bratlinge nun etwa 4 Min. lang braten, bis die Unterseite goldbraun ist und sie sich gut wenden lassen. Von der anderen Seite ebenfalls einige Min. lang braten. Die Bratlinge anschließend auf einem Rost auskühlen. Aus der Masse 4 kleinere und einen größeren Bratling (für den Burger am nächsten Tag) formen.

8. Nach dem Auskühlen in verschließbare Vorratsdosen geben und im Kühlschrank lagern.

Tipps und Aufbewahrung

Im Kühlschrank halten sich die Bratlinge 3–4 Tage.
Die Bratlinge schmecken gut zu Salat, mit Hummus (S. 105) oder in einem Burger (S. 108).

Burger mit Spinat-Quinoa-Bratling und Hummus

Variation von Spinat-Quinoa-Bratlingen (S. 106/107) und Hummus (S. 105)

1 Portion

Pro Portion: 416 kcal/19,1 g F/46,5 g KH/16,7 g P

30 g Rucola
1 Vollkornbrötchen oder 2 Scheiben Vollkornbrot
2 gehäufte EL Hummus (S. 105)
1 Spinat-Quinoa-Bratling (S. 106/107)

1. Rucola waschen, trocken schütteln und klein zupfen.
2. Das Brötchen aufschneiden und die Unterseite mit reichlich Hummus bestreichen.
3. Anschließend Rucola und Bratling daraufgeben (Bratling evtl. vorher aufwärmen) und die obere Hälfte des Brötchens als Deckel aufsetzen.

Tipps und Aufbewahrung

Um den Burger besser transportieren zu können, am besten mit einem Holzstäbchen fixieren und in Butterbrotpapier einschlagen.

Bedarfsliste 2 für Meal-Prep-Tag 2

- ☐ 100 g Heidelbeeren
- ☐ 1 Apfel
- ☐ 2 Tomaten
- ☐ 100 g Kirschtomaten
- ☐ 1 Stängel frisches Basilikum
- ☐ 2 Stück Gurke (ca. 10 cm)
- ☐ 1 rote Zwiebel
- ☐ 1/4 Zwiebel oder 1 Schalotte
- ☐ 2 Handvoll Salat
- ☐ 20 g schwarze Oliven, entkernt
- ☐ 1 1/2 Knoblauchzehe
- ☐ 120 g Zucchini
- ☐ 400 g Joghurt
- ☐ 125 g Mozzarella (light)
- ☐ 20 g geriebener Parmesan
- ☐ 200 g Schafskäse
- ☐ 140 g rote Linsenpasta
- ☐ 170 g passierte Tomaten
- ☐ 30 g Tomatenmark
- ☐ Gewürze nach Wahl: Salz, Pfeffer
- ☐ Oregano, Rosmarin, Kräuter der Provence, Basilikum, Petersilie, getrocknet
- ☐ Öl, z. B. Olivenöl

Die Rezepte der Woche (Do-Fr)

Griechischer Salat to go

1 Portion

Pro Portion: 433 kcal/35,9 g F/8,3 g KH/19,6 g P

1 Tomate
1 Stück Gurke (ca. 5 cm)
1/2 rote Zwiebel
1 Handvoll Salat
1 EL Olivenöl
1/2 TL Kräuter der Provence
Salz, Pfeffer
10 g schwarze Oliven, entkernt
100 g Schafskäse

1. Tomate waschen und achteln.
2. Gurke waschen, halbieren und in Scheiben schneiden.
3. Zwiebel abziehen, in Scheiben schneiden.
4. Salat waschen und trocken schütteln.
5. Für das Dressing Olivenöl mit Kräutern der Provence, Salz und Pfeffer verrühren.
6. Zuerst das Dressing in ein Schraubglas füllen, dann Tomaten, Gurken, Zwiebeln und Oliven einschichten.
7. Schafskäse daraufbröckeln und mit Salat toppen.
8. Den Deckel verschließen und in den Kühlschrank stellen.

Wichtiger Hinweis für Woche 5:
Wir bereiten 2 Portionen griechischen Salat vor. Zutaten bereits in die Bedarfsliste mit aufgenommen.

Tipps und Aufbewahrung

Im Kühlschrank hält sich der Salat 2–3 Tage.

Überbackene rote Linsenpasta

2 Portionen

Pro Portion: 474 kcal / 13,9 g F / 50 g KH / 31,6 g P

140 g rote Linsenpasta (oder Pasta nach Wahl)
Salz
170 g passierte Tomaten
30 g Tomatenmark
1 1/2 Knoblauchzehe
1/4 Zwiebel oder 1 Schalotte
120 g Zucchini
je 1/2 TL Oregano, Basilikum und Petersilie, getrocknet
Pfeffer
100 g Kirschtomaten
125 g Mozzarella (light)
20 g geriebener Parmesan
frisches Basilikum

1. Backofen auf 200 °C Umluft vorheizen.
2. Pasta laut Packungsanleitung in einem Topf mit Salzwasser kochen.
3. Währenddessen passierte Tomaten und Tomatenmark in einer Schüssel vermischen, beiseitestellen.
4. Knoblauch und Zwiebel abziehen. Knoblauch fein hacken, Zwiebel würfeln. Zucchini putzen, waschen und in Würfel schneiden.
5. Knoblauch, Zwiebel sowie Zucchini in die Tomatensoße rühren. Mit den getrockneten Kräutern sowie Salz und Pfeffer abschmecken.
6. Pasta durch ein Sieb abgießen, mit der fertigen Soße mischen, in eine hitzebeständige Form füllen (eine Springform mit 18 cm ø eignet sich hervorragend).
7. Kirschtomaten waschen, halbieren und auf der Pasta verteilen.
8. Mozzarella in Scheiben schneiden, ebenfalls auf der Linsenpasta verteilen und mit geriebenem Parmesan bestreuen.
9. Auflauf im Ofen ca. 20 Min. backen, bis der Käse goldbraun ist.

10. Auflauf abkühlen lassen.
11. Basilikum waschen, trocken schütteln und Blätter abzupfen. Auflauf mit Basilikum garnieren.
12. In der Auflaufform abdecken oder portionsweise in Vorratsbehälter geben und in den Kühlschrank stellen.

Tipps und Aufbewahrung

Der Auflauf ist im Kühlschrank 2–3 Tage haltbar.

Wochenplan 6

Vorhaben und Voraussetzungen

- Mittag, Snacks und Abendessen für 5 Tage abdecken.
- In der Arbeit Mikrowelle zum Aufwärmen vorhanden.

	Mittagessen to go	Snacks	Abendessen
Mo	Dinkelnudeln to go (S. 116)	100 g frische Erdbeeren + 1 Portion Nuss-Snack (S. 101)	Couscous mit Spinatpesto (S. 118)
Di	Blumenkohl-Couscous-Gemüse (S. 122) evtl. 1 EL Spinatpesto (S. 117) + 1 Portion Nuss-Snack (S. 101)	1 gekochtes Ei + 2 Tomaten	Dinkelpasta mit Spinatpesto (S. 119)
Mi	Dinkelvollkorn-Wraps mit Lachs-Ei-Füllung (S. 120) + 1 Portion Nuss-Snack (S. 101)	Etwas frisches Gemüse und Obst wie auf S. 121 gezeigt, ca. 3 Kirschtomaten, 1 Stück Gurke (5 cm in Stifte), 100 g Naschobst	Gefüllte Zucchini-Boote mit Reis (S. 123)
Do	Dinkelvollkorn-Wraps mit Lachs-Ei-Füllung (S. 120)	1 Portion Nuss-Snack (S. 101) + 100 g Naschobst	Gemüsereis-Pfännchen mit Garnelen (S. 124/125): Garnelen heute komplett mit 1 Portion Gemüsereis, morgen 2. Portion nur Gemüsereis planen
Fr	Hähnchenspieße (S. 126) mit gemischtem Salat und Kräuter-Vinaigrette (S. 127)	1 gekochtes Ei + 2 Tomaten	Hähnchenspieße (S. 126) mit Gemüsereis-Pfännchen (S. 124/125)

Alle Eier 10 Min. hart kochen und abschrecken, halten sich im Kühlschrank mind. 1 Woche.

Bedarfsliste

- ☐ 200 g frische Erdbeeren
- ☐ 40 g Himbeeren + 200 g Naschobst nach Wahl, z. B. Himbeeren, Johannisbeeren, Kirschen
- ☐ 120 g Blumenkohl
- ☐ 3 Lauchzwiebeln
- ☐ ½ Zwiebel
- ☐ 1 Knoblauchzehe
- ☐ 50 g rote Paprika + 2 rote Paprika
- ☐ 50 g orange Paprika
- ☐ 4 Tomaten + 1 Tomate (oder 3 Kirschtomaten)
- ☐ 5 große Karotten
- ☐ 1 mittelgroße Gurke (für Wrap-Füllung + Gurkenstifte Snack Mi)
- ☐ 1 mittelgroße Zucchini
- ☐ 1 Zitrone
- ☐ 65 g Kidneybohnen (aus der Dose)
- ☐ 50 g Mais (aus der Dose)
- ☐ 125 g Babyspinat + 1 Handvoll Spinat oder Salat
- ☐ 30 g Rucola (evtl. auch durch Babyspinat ersetzen)
- ☐ 1 Stängel Basilikum
- ☐ ½ Bund Schnittlauch
- ☐ 2 Hähnchenbrustfilets (ca. 300 g)
- ☐ 4 Eier
- ☐ 100 g Frischkäse (oder Magerquark)
- ☐ 150 g Schafskäse
- ☐ 1 Scheibe fettarmer Käse (20 g)
- ☐ 70 g Parmesan
- ☐ 60 g geräucherter Lachs
- ☐ 100 g Garnelen (küchenfertig)
- ☐ 130 g Couscous
- ☐ 100 g Langkornreis
- ☐ 130 g Dinkelnudeln, z. B. Dinkelspaghetti
- ☐ 75 g Dinkelvollkornmehl
- ☐ ½ EL Pinienkerne + 25 g Pinienkerne
- ☐ 15 Kürbiskerne
- ☐ 200 g Nüsse oder Kerne, z. B. Mandeln, Haselnüsse, Walnüsse oder Cashewkerne
- ☐ Essig
- ☐ Senf
- ☐ Süßungsmittel nach Wahl, z. B. Rohrohrzucker, Ahornsirup, Xylit
- ☐ Gewürze nach Wahl: Salz, Pfeffer, Currypulver
- ☐ Kräuter der Provence
- ☐ Dill, getrocknet
- ☐ 1 TL Kokosöl oder Olivenöl
- ☐ Öl, z. B. Olivenöl
- ☐ 1 EL Zitronensaft

Die Rezepte der Woche

Dinkelnudeln to go

1 Portion
Pro Portion: 545 kcal/25,9 g F/55,3 g KH/17,5 g P

50 g Dinkelnudeln, z. B. Dinkel-Spaghetti
Salz
1 EL Olivenöl
50 g Schafskäse
100 g Erdbeeren
25 g Babyspinat
40 g Himbeeren
1 EL Agavendicksaft
1 EL Wasser
1/2 EL Pinienkerne
Pfeffer

1. Nudeln in einem Topf mit Salzwasser laut Packungsanleitung weich kochen, anschließend abseihen und mit dem Olivenöl beträufeln, damit die Nudeln nicht zusammenkleben.
2. Schafskäse würfeln. Erdbeeren waschen, abtrocknen und vierteln.
3. Babyspinat waschen und trocken schütteln.
4. Himbeeren, Agavendicksaft sowie Wasser in einem Mixer zu einer Soße verarbeiten.
5. In einem Schraubglas erst die Soße, dann Nudeln, Schafskäse, Erdbeeren, Babyspinat sowie Pinienkerne einschichten.
6. Vor dem Verzehr noch nach Belieben mit Salz und Pfeffer würzen.

Tipps und Aufbewahrung

Im Kühlschrank 1–2 Tage haltbar.

Spinatpesto

2 Portionen
Pro Portion: 315 kcal/35,8 g F/6,6 g KH/18 g P

1 Knoblauchzehe
100 g Babyspinat
25 g Pinienkerne
60 g Parmesan
25 ml Olivenöl
Salz, Pfeffer

1. Knoblauch schälen. Spinat waschen, verlesen und trocken schütteln.
2. Sämtliche Zutaten (außer Salz und Pfeffer) mit einem Schuss Wasser in einem Zerkleinerer zu einer homogenen Masse verarbeiten.
3. Pesto mit Salz und Pfeffer abschmecken.

Tipps und Aufbewahrung

Pesto in ein Schraubglas abfüllen, im Kühlschrank lagern und innerhalb 1 Woche verbrauchen.
Bei größeren Mengen: Pesto in ein Schraubglas abfüllen und mit Öl (z. B. Olivenöl) bedecken (ca. 5 mm). Wenn das Pesto mit Öl bedeckt ist, hält es sich länger, im Kühlschrank ca. 3–4 Wochen. Dabei immer darauf achten, das Pesto mit sauberem Besteck aus dem Glas zu holen. Die Ölschicht sollte intakt bleiben, also stets nachfüllen.

Couscous mit Spinatpesto

1 Portion

Pro Portion: 578 kcal / 35,2 g F / 45,6 g KH / 15,8 g P

- 60 g Couscous
- 90 ml kochendes Wasser
- ½ Zwiebel
- ½ EL Olivenöl
- 15 Kürbiskerne
- 1 Portion Spinatpesto (S. 117)
- 30 g Rucola

1. Couscous in eine Schüssel geben, mit dem Wasser übergießen und 3–4 Min. quellen lassen.
2. Zwiebel abziehen, halbieren und in dünne Scheiben schneiden. Öl in einer Pfanne erhitzen und Zwiebel darin kurz anbraten, anschließend Kürbiskerne hinzufügen.
3. Couscous mit Spinatpesto, Zwiebel und Kürbiskernen vermischen.
4. In einen Vorratsbehälter füllen und abkühlen lassen.
5. Nach dem Abkühlen Rucola waschen, trocken schütteln, klein zupfen und auf die Couscousmasse legen.
6. Mit Deckel verschließen und im Kühlschrank aufbewahren. Vor dem Verzehr alles gut durchmischen.

Tipps und Aufbewahrung

Das Gericht ist im Kühlschrank 2–3 Tage haltbar.

Dinkelpasta mit Spinatpesto

Variation von Spinatpesto (S. 118)

1 Portion

Pro Portion: 536 kcal/23 g F/56,5 g KH/23 g P

- 80 g Dinkelnudeln
- 1 Prise Salz
- 1 Stängel Basilikum
- 1 TL Öl, z. B. Olivenöl
- 1 Portion Spinatpesto (S. 117)
- 10 g geriebener Parmesan

1. Die Nudeln nach Packungsanweisung in einem Topf mit Salzwasser weich kochen.
2. Währenddessen Basilikum waschen, trocken schütteln und Blätter klein zupfen.
3. Nudeln abseihen und abkühlen lassen. Das Öl untermischen.
4. Nach dem Abkühlen in einen Vorratsbehälter geben, Spinatpesto dazugeben und mit Parmesan und frischem Basilikum garnieren.
5. Verschlossen im Kühlschrank aufbewahren.

Tipps und Aufbewahrung

Nudeln sind schnell frisch gekocht. Wenn man sie aber trotzdem vorkochen möchte, sollte man 1 TL Öl untermischen, damit sie nicht zusammenkleben. Im Kühlschrank halten sich die Nudeln mit Pesto 2–3 Tage.

Dinkelvollkorn-Wraps mit Lachs-Ei-Füllung

2 Portionen
Pro Stück: 392 kcal / 16,9 g F / 31,9 g KH / 24,7 g P

75 g Dinkelvollkornmehl
10 ml Olivenöl
Salz
40 ml Wasser
1 große Karotte
1 Handvoll Spinat oder Salat
½ mittelgroße Gurke
1 TL Kokosöl oder Öl
100 g Frischkäse oder Magerquark
60 g geräucherter Lachs
2 hart gekochte Eier
Pfeffer
getrockneter Dill

1. Mehl, Olivenöl, ½ TL Salz und Wasser in einer Schüssel zu einem glatten Teig verrühren, in Klarsichtfolie wickeln und bei Zimmertemperatur etwa 20 Min. ruhen lassen.
2. In der Zwischenzeit Karotte, Spinat oder Salat und Gurke waschen und abtrocknen. Die Karotten raspeln und die Gurke in dünne Stifte schneiden.
3. Teig halbieren und jeweils zu einer Kugel formen. Mit einem Nudelholz jede Kugel zu einem runden Wrap auswalken.
4. In einer Pfanne das Kokosöl erwärmen und die beiden Wraps bei mittlerer Hitze von beiden Seiten jeweils 1–2 Min. goldgelb braten.
5. Wraps abkühlen lassen.
6. Vor dem Verzehr (z. B. morgens, wenn man die Wraps mit in die Arbeit nimmt) mit Frischkäse oder Magerquark bestreichen, mit Salat oder Spinat und dem geräucherten Lachs belegen.
7. Die gekochten Eier schälen, in dünne Scheiben schneiden und mit Karotte und Gurke in die Mitte der Wraps legen. Mit Salz und Pfeffer würzen und mit Dill bestreuen.

8. Nun das untere Ende der Wraps nach oben klappen, damit die Füllung nicht herausfällt, und seitlich einrollen.

Tipps und Aufbewahrung

Damit die Wraps nicht hart werden, direkt nach dem Anbraten auf ein feuchtes Küchentuch legen.
Sie sind im Kühlschrank 3–4 Tage haltbar, dabei am besten Frischhaltefolie zwischen die Wraps legen.
Die Füllung kann vielfältig variiert werden: Fleisch mit Gyrosgewürz angebraten, Schinken, Salami, Gemüsestifte, Salatblätter, Käsestreifen usw.

Blumenkohl-Couscous-Gemüse

1 Portion

Pro Portion: 333 kcal/2,1 g F/59,6 g KH/12,4 g P

70 g Couscous
120 g Blumenkohl
Salz
1 Lauchzwiebel
50 g rote Paprika
50 g orange Paprika
Pfeffer

1. Couscous nach Packungsanleitung zubereiten.
2. In der Zwischenzeit den Blumenkohl säubern, klein raspeln, klein hacken und in einem Topf mit Salzwasser gar kochen. (Der Blumenkohl kann auch in einer Schüssel in der Mikrowelle 3 Min. gegart werden.) Dann in ein Sieb abgießen.
3. Lauchzwiebel putzen, waschen und klein hacken.
4. Paprika putzen, waschen, abtrocknen und klein hacken.
5. Wenn der Couscous etwas abgekühlt ist, mit Paprika, Lauchzwiebel und Blumenkohl vermischen. Mit Salz und Pfeffer abschmecken.
6. Abkühlen lassen und in ein verschließbares Einmachglas einfüllen. In den Kühlschrank stellen.

Tipps und Aufbewahrung

Kann man kalt oder warm genießen. Schmeckt auch sehr gut, wenn man 1 EL Pesto nach Wahl einrührt oder ein Dressing dazugibt.
Im Kühlschrank lagern und innerhalb von 2–3 Tagen verbrauchen.

Gefüllte Zucchini-Boote

1 Portion

Pro Portion: 584 kcal / 37,4 g F / 20 g KH / 36,8 g P

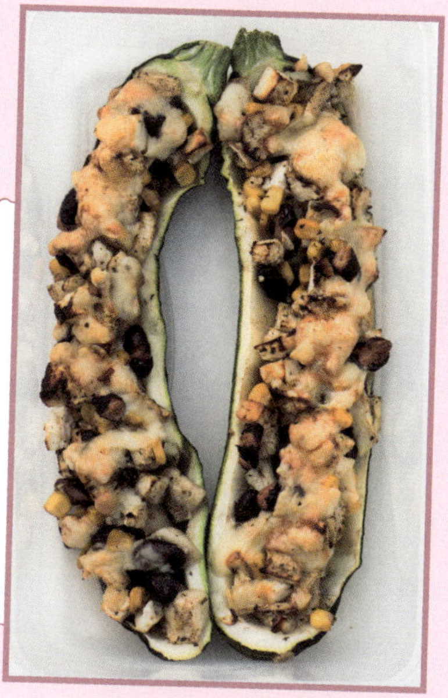

- 1 mittelgroße Zucchini
- 65 g Kidneybohnen (aus der Dose)
- 50 g Mais (aus der Dose)
- 1 EL Olivenöl
- ½ TL Kräuter der Provence
- Salz, Pfeffer
- 100 g Schafskäse
- 1 Scheibe fettarmer Käse (20 g)

1. Backofen auf 180 °C Umluft vorheizen.
2. Zucchini waschen, abtrocknen, halbieren und das Fruchtfleisch vorsichtig mit einem Eisportionierer herausschaben (Die Zucchinihälften werden zum Füllen benötigt!). Fruchtfleisch in Würfel schneiden.
3. Kidneybohnen und Mais in ein Sieb geben, abspülen und abtropfen lassen. Mit dem Zucchinifruchtfleisch in eine Schüssel geben und mit Olivenöl, Kräutern der Provence sowie Salz und Pfeffer würzen.
4. Ausgehöhlte Zucchinihälften in einer hitzebeständigen Form platzieren und mit der Gemüsemasse füllen.
5. Schafskäse zerbröckeln, auf die Masse geben. Käsescheibe klein schneiden und ebenso darauf verteilen.
6. Zucchini-Boote im Ofen 30 Min. backen, bis der Käse eine goldbraune Farbe annimmt.
7. Auskühlen lassen und in einem luftdicht verschlossenen Behälter im Kühlschrank aufbewahren.

Tipps und Aufbewahrung

Die Boote halten sich im Kühlschrank 2–3 Tage.

Man kann die Füllung nach Belieben verändern z. B. mit Hackfleisch, Schinken usw.

Gemüsereis-Pfännchen mit Garnelen

1 Portion

Pro Portion: 426 kcal / 3,4 g F / 66,8 g KH / 25,6 g P

50 g Langkornreis
Salz
1 rote Paprika
2 große Karotten
1 Lauchzwiebel
2 EL Olivenöl
100 g Garnelen (küchenfertig)
1 gehäufter TL Currypulver
1/2 Bio-Zitrone
Salz, Pfeffer

1. Reis nach Packungsanleitung in einem Topf mit Salzwasser kochen.
2. Paprika und Karotten putzen, waschen und in Scheiben schneiden.
3. Die Lauchzwiebel putzen, waschen und in feine Ringe schneiden.
4. 1 EL Olivenöl in einer Pfanne erhitzen und Karotten und Paprika darin anbraten. Mit Salz und Pfeffer abschmecken.
5. In einer zweiten Pfanne die Garnelen in 1 EL Olivenöl knusprig braten. Mit Pfeffer würzen und in einer Schüssel mit Alufolie abgedeckt beiseitestellen.
6. Den Reis zum Gemüse in die Pfanne geben und gut untermischen. Mit Currypulver und dem Saft der Zitrone würzen. 5 Min. unter Rühren braten.
7. Lauchzwiebeln unterheben.
8. Gemüsereis in einen Vorratsbehälter füllen und mit den Garnelen belegen. Auskühlen lassen und verschlossen im Kühlschrank lagern.

Wichtig:
Für Woche 6 die doppelte Portion Gemüsereis vorbereiten und am Fr zu den Hähnchenspießen reichen.

Tipps und Aufbewahrung

Im Kühlschrank hält sich das Reispfännchen aufgrund der Garnelen 1–2 Tage. Die Garnelen können auch durch Fleisch oder Fisch ersetzt werden.

Hähnchenspieße

Hähnchenbrust-Filets (S. 70) mit Tomaten, Zwiebeln und Gurke als Spieße zubereitet.

Kräuter-Vinaigrette

4 Portionen

Pro Portion: 124 kcal/11,6 g F/3,2 g KH/0,3 g P

- 2 EL Essig
- 1 EL Zitronensaft
- 3 EL Öl (z. B. Olivenöl)
- 1 EL Senf
- 1 EL flüssiger Honig
- 1 EL Schnittlauchröllchen

Alle Zutaten in einer Schüssel gut verrühren.

Tipps und Aufbewahrung

Dressing in ein Schraubglas füllen, verschließen und im Kühlschrank lagern.

Hält sich 1–2 Wochen.

Passt sehr gut zu Blattsalaten, gekochtem Gemüse und gegrilltem Fleisch.

Wochenplan 7

Vorhaben und Voraussetzungen

- Nach der Arbeit warmes Abendessen und Snack für 5 Tage.
- Gefrierfach vorhanden.
- Alle Gerichte sollten am Meal-Prep-Tag vorbereitet werden können.

	Abendessen	Snack
Mo	Karotten-Fenchel-Curry (S. 40/41) mit 100 g Reis planen anstatt Menge lt. Rezept	3 Stück Raw Bites (S. 140)
Di	Ofengemüse mit Quinoa und Kräuter-Feta (S. 67/68)	1 Portion Nuss-Snack (S. 101)
Mi	Gemüsereis-Pfännchen mit Garnelen (S. 124/125)	3 Stück Raw Bites (S. 140)
Do	Karotten-Fenchel-Curry (S. 40/41) mit 100 g Reis planen anstatt Menge lt. Rezept	1 Portion Nuss-Snack (S. 101)
Fr	Ofengemüse mit Quinoa und Kräuter-Feta (S. 67/68)	3 Stück Raw Bites (S. 140)

Vom Nuss-Snack nur 2 anstatt 4 Portionen vorbereiten oder die restlichen 2 Portionen in die nächste Woche übernehmen (Bedarfsliste mit 2 Portionen berechnet).

Bedarfsliste

- ☐ 1 Fenchelknolle
- ☐ 1 Lauchzwiebel
- ☐ 8 Karotten (7 1/2 - Rest z. B. für Gemüse-Snack verwenden)
- ☐ 2 rote Paprika
- ☐ 200 g Baby-Kartoffeln
- ☐ 1 Zucchini
- ☐ 4 Knoblauchzehen
- ☐ 2 Stängel Rosmarin
- ☐ 3 Stängel Petersilie
- ☐ 1 1/2 Bio-Zitrone
- ☐ 200 g Feta
- ☐ 100 g Garnelen (küchenfertig)
- ☐ 200 ml Kokosmilch (fettreduziert)
- ☐ 100 g weiße Quinoa
- ☐ 200 g Reis + 50 g Langkornreis (evtl. gleiche Reissorte verwenden)
- ☐ 90 g zarte Haferflocken
- ☐ 100 g Nüsse oder Kerne, z. B. Mandeln, Haselnüsse, Walnüsse oder Cashewkerne + 45 g Cashewkerne
- ☐ 60 g entsteinte Softdatteln
- ☐ 100 ml Gemüsebrühe
- ☐ 1 TL rote Currypaste
- ☐ 1 TL Speisestärke
- ☐ Gewürze nach Wahl: Salz, Pfeffer, Currypulver
- ☐ Zimt
- ☐ Öl, z. B. Olivenöl
- ☐ Kräuter der Provence, getrocknet

Wochenplan 8

Vorhaben und Voraussetzungen

- Schnelles Mittagessen für unterwegs mitnehmen.
- Abendessen abdecken.
- Für 6 Tage.

	Mittagessen	Abendessen
Mo	Quinoa-Spargel-Salat (S. 100)	Lachs mit grünem Spargel (S. 102/103)
Di	Lachs-Salat (S. 104) mit Kräuter-Vinaigrette (S. 127) anstatt lt. Rezept Honig-Joghurt-Dressing	Ofengemüse mit Quinoa-und Kräuter-Feta (S. 67/68)
Mi	Salat aus Ofengemüse mit Quinoa und Kräuter-Feta (S. 67/68): 1 Portion vom Abendessen am Di mit etwas Kräuter-Vinaigrette (S. 127) vermischen	Rote-Bete-Salat mit Schafskäse, gekochten Eiern und Walnüssen (S. 56)
Do	Griechischer Salat to go (S. 110/111)	Rote-Bete-Kokos-Suppe (S. 58), dazu wahlweise Fleischbeilage, z. B. in Kokosöl herausgebratenes Schweinegeschnetzeltes: 250 g für 2 Portionen zubereiten (mit Salz und Pfeffer gewürzt, 1 Portion für die Füllung des Wraps morgen Abend planen)
Fr	Reissalat im Glas (S. 42/43) mit etwas Kräuter-Vinaigrette (S. 127) anstatt lt. Rezept Joghurt-Petersilien-Dressing	Dinkelvollkorn-Wraps (S. 120/121), anstatt Lachs-Ei-Füllung: mit 2 EL Naturjoghurt bestreichen, salzen, pfeffern, 50 g Feldsalat, 1 Tomate + ½ rote Paprika in Streifen und 1 Portion Geschnetzeltes vom Vortag
Sa	Dinkelvollkorn-Wraps (S. 120/121) anstatt Lachs-Ei-Füllung: mit 2 EL Naturjoghurt bestreichen, salzen, pfeffern, 50 g Garnelen gebraten, 50 g Feldsalat, 1 Tomate	Gemüsereis-Pfännchen mit Garnelen (S. 124/125): 50 g Garnelen mehr mit anbraten und für die Füllung des Wraps am Sa-Mittag einplanen.

Es bleibt 1 Portion Reissalat im Glas (S. 42/43) übrig, die Sie mit etwas Kräuter-Vinaigrette (S. 127) (anstatt lt. Rezept Joghurt-Petersilien-Dressing) als Snack für zwischendurch planen können.

Bedarfsliste

- ☐ 1 Bund grüner Spargel
- ☐ 30 g Radieschen
- ☐ 180 g Rucola
- ☐ 200 g Baby-Kartoffeln
- ☐ 5 Karotten
- ☐ 500 g gekochte, vakuumierte Rote Bete
- ☐ 160 g Feldsalat
- ☐ 3 rote Paprika
- ☐ 1 Lauchzwiebel
- ☐ 1 Schalotte
- ☐ 5 Knoblauchzehen
- ☐ 4 Tomaten + 100 g Kirschtomaten
- ☐ 1 Stück Gurke (ca. 5 cm)
- ☐ 1 kleine Zwiebel + 1/2 rote Zwiebel
- ☐ 1 Handvoll Salat
- ☐ 1 Zucchini
- ☐ 2 Stängel Rosmarin
- ☐ 3 Stängel Petersilie
- ☐ 1/2 Bund Schnittlauch
- ☐ 50 g Mais aus der Dose
- ☐ 50 g Erbsen aus der Dose
- ☐ 1/2 Mango
- ☐ 1 Bio-Zitrone + 6 EL Zitronensaft (entspricht ca. 3 Zitronen)
- ☐ 1/2 Avocado
- ☐ 250 g Schweinegeschnetzeltes
- ☐ 2 Lachsfilets
- ☐ 150 g Garnelen (küchenfertig)
- ☐ 2 Eier
- ☐ 10 g schwarze Oliven, entkernt
- ☐ 410 g Feta/Schafskäse
- ☐ 4–5 EL Naturjoghurt + 4 EL
- ☐ 70 g Reis + 50 g Langkornreis (evtl. gleiche Sorte verwenden)
- ☐ 160 g Quinoa
- ☐ 10 g Pekannüsse oder Mandeln
- ☐ 30 g Cashewnüsse
- ☐ 10 g gehackte Walnüsse
- ☐ 75 g Dinkelvollkornmehl
- ☐ 1 EL Rosinen
- ☐ 150 ml Kokosmilch aus der Dose
- ☐ 10 g Kokosöl + 1 TL Kokosöl
- ☐ 120 ml Gemüsebrühe
- ☐ 3 EL Honig + 1 TL Honig
- ☐ je 1/2 TL schwarze und gelbe Senfkörner
- ☐ 1/2 EL süßer Senf
- ☐ Meersalz
- ☐ Gewürze nach Wahl: Salz, Pfeffer, Chilipulver, Currypulver
- ☐ Kräuter der Provence, getrocknet
- ☐ Essig
- ☐ Senf
- ☐ Öl, z. B. Olivenöl

Wochenplan 9

Vorhaben und Voraussetzungen

- Mittagessen in die Arbeit mitnehmen (Aufwärmen mit Mikrowelle möglich).
- Für 6 Tage.
- Nicht zu viel Variation, dafür aber gut vorkochbar.

	Mittag	Snack	Abendessen
Mo	Ofengemüse (S. 91) mit Schweinesteak 250 g: 1 Portion am Stück lassen, salzen und pfeffern und herausbraten, die 2. Portion mit Gyrosgewürz, 2 EL Öl und 1 Zwiebel in Streifen geschnitten; planen für Di	Gekochtes Ei + Tomate	Gemischter Blattsalat (200 g) mit Schinken- (150 g) und Käsestreifen (50 g), dazu Joghurt-Dressing (S. 143)
Di	Reissalat im Glas (S. 42/43), für den Reissalat das Joghurt-Dressing (S. 143) vom Mo verwenden	Nuss-Snack (S. 101) + ½ Mango	Ofengemüse (S. 91) mit Gyros-Geschnetzeltem (siehe Mo)
Mi	Ofengemüse (S. 91) mit 60 g Reis und 1 Portion Tomatensoße stückig (S. 59) 2 Portionen Tomatensoße kochen – 1 Portion für Spaghetti am Do	Gekochtes Ei + 1 Stück Gurke, aufgeschnitten und nach Belieben gewürzt	Dinkelvollkorn-Wraps mit Lachs-Ei-Füllung (S. 120/121). Den Großteil der Lachs-Ei-Füllung heute verwenden, nur etwas Lachs für Do aufheben + Nuss-Snack (S. 101)

→

Do	Dinkelvollkorn-Wraps (S. 120/121) gefüllt mit Ofengemüse (S. 91) und restlichem Lachs, dann restliche Portion Reissalat im Glas (S. 42/43) mit etwas Joghurt-Dressing (S. 143) anstatt lt. Rezept Joghurt-Petersilien-Dressing	200 g Joghurt mit 50 g Erdbeeren	Spaghetti mit Tomatensoße stückig (S. 59) und 15 g geriebenem Käse
Fr	Dinkelnudeln to go (S. 116) anstatt Dinkelnudeln, etwas mehr Spaghetti einplanen (siehe Do Abendessen) und zum Einschichten verwenden.	Nuss-Snack (S. 101) + 60 g Himbeeren	Gefüllte Zucchini-Boote (S. 123), 2 Portionen planen – 1 Portion ist für den nächsten Tag
Sa	Gefüllte Zucchini-Boote (S. 123)	Nuss-Snack (S. 101)	Spaghettimuffins (S. 57) ½ Portion des Rezepts vorbereiten oder 3 Stück in die neue Woche mitnehmen, in Bedarfsliste bereits als ½ Portion geplant

Bedarfsliste

- ☐ 150 g Erdbeeren
- ☐ 100 g Himbeeren
- ☐ 1 Mango
- ☐ 2 rote Zwiebeln
- ☐ 1 Zwiebel
- ☐ 4 mittelgroße Zucchini
- ☐ 2 grüne Paprika
- ☐ 2 1/2 rote Paprika
- ☐ 60 g Feldsalat
- ☐ 200 g gemischter Blattsalat
- ☐ 25 g Babyspinat (oder auch durch Feldsalat ersetzen)
- ☐ 150 g Mais aus der Dose
- ☐ 50 g Erbsen aus der Dose
- ☐ 2 Karotten
- ☐ 1 Handvoll Spinat oder Salat
- ☐ 1 mittelgroße Gurke + 1 Stück für Snack (z. B. 1 große Gurke gesamt)
- ☐ 1 mittelgroße Zucchini
- ☐ 130 g Kidneybohnen (aus der Dose)
- ☐ 2 Knoblauchzehen
- ☐ 5 Tomaten + 3 Cherrytomaten
- ☐ 500 g passierte Tomaten
- ☐ 250 g Schweinesteak
- ☐ 150 g Schinken
- ☐ 250 g Schafskäse
- ☐ 65 g + 2 Scheiben Käse (z. B. fettarm)
- ☐ 1/2 Kugel Mozzarella
- ☐ 350 g Joghurt
- ☐ 100 g Frischkäse oder Magerquark
- ☐ 60 g geräucherter Lachs
- ☐ 5 Eier
- ☐ 175 g Spaghetti roh (25 g für die Spaghettimuffins, 120 g für Spaghetti mit Tomatensauce und 50 g anstatt der Dinkelnudeln in Rezept S. 116)
- ☐ 130 g Reis
- ☐ 30 g Cashewnüsse
- ☐ 200 g Nüsse oder Kerne, z. B. Mandeln, Haselnüssen, Walnüssen oder Cashewkernen eine eigene Knabber-Nussmischung zusammenstellen
- ☐ 1/2 EL Pinienkerne
- ☐ 75 g Dinkelvollkornmehl
- ☐ 1 TL Kokosöl oder Öl
- ☐ Süßungsmittel nach Wahl, z. B. Agavendicksaft, Ahornsyrup, Xylit, Honig
- ☐ Gewürze nach Wahl: Salz, Pfeffer, Oregano, Rosmarin, Dill, Kräuter der Provence, getrocknet
- ☐ Essig
- ☐ Öl, z. B. Olivenöl

Wochenplan 10

Vorhaben und Voraussetzungen

- Mittagessen to go für die Arbeit zubereiten.
- Ungesunden Snacks vorbeugen.
- Für 5 Tage.

	Mittagessen	Snack
Mo	Polenta mit Gemüse (S. 147)	Bananenbrot (S. 69)
Di	3 kleine Süßkartoffel-Couscous-Bratlinge (S. 46/47) mit 1 Portion Hummus (S. 105)	Gemüsesticks (200 g) mit 1 Portion Sourcream-Dip (S. 48)
Mi	Süßkartoffel-Couscous-Burger (S. 49)	Bananenbrot (S. 69)
Do	Karotten-Fenchel-Curry mit Reis (S. 40/41) 250 g Hähnchengeschnetzeltes anbraten und ins Curry mischen, 1 Portion heute und 1 Portion für Fr einplanen.	Gemüsesticks (200 g) mit Hummus (S. 105)
Fr	Karotten-Fenchel-Curry mit Reis (S. 40/41) dazu 1 Portion Hähnchengeschnetzeltes (siehe Do)	Bananenbrot (S. 69)

Es bleiben noch 2 Scheiben Bananenbrot übrig, die man z. B. zum Frühstück in dieser Woche verwenden kann.

Bedarfsliste

- ☐ 2 reife Bananen
- ☐ 2 EL Zitronensaft (1 Zitrone)
- ☐ 1 mittelgroße Süßkartoffel + 100 g (evtl. 2 kaufen und als Snack verwenden)
- ☐ ½ rote Paprika
- ☐ 1 Zwiebel
- ☐ 400 g Gemüsesticks für 2 Portionen Snacks, z. B. Paprika, Staudensellerie, Gurken, Zucchini, Karotten oder auch Reste der Süßkartoffel
- ☐ 1 Topf frische Petersilie
- ☐ ½ Bund Schnittlauch
- ☐ 30 g Salat, z. B. Rucola oder Feldsalat
- ☐ ½ Avocado
- ☐ ½ Knoblauchzehe, geschält
- ☐ 1 Fenchelknolle
- ☐ 3 Karotten
- ☐ 50 g Erbsen aus der Dose
- ☐ 50 g Mais aus der Dose
- ☐ 220 g Kichererbsen, gekocht (Dose)
- ☐ 250 g Hähnchengeschnetzeltes
- ☐ 2 Eier
- ☐ 70 ml Milch
- ☐ 150 g Schmand
- ☐ 100 g saure Sahne
- ☐ 200 ml Kokosmilch (fettreduziert)
- ☐ 1 Dinkel- oder Vollkornbrötchen
- ☐ 60 g Couscous
- ☐ 120 g Reis
- ☐ 80 g Polenta
- ☐ 130 g Mehl (z. B. Dinkelmehl)
- ☐ 1 Handvoll Cashewnüsse
- ☐ 50 g gemahlene Mandeln
- ☐ 10 g gehobelte Mandeln
- ☐ 1 Msp. Johannisbrotkernmehl + 1 TL Speisestärke
- ☐ 250 ml Wasser oder Gemüsebrühe+ 190 ml Gemüsebrühe
- ☐ 1 EL Tahin
- ☐ 1 TL rote Currypaste
- ☐ Backpulver
- ☐ Gewürze nach Wahl: Salz, Pfeffer, Chilipulver, Currypulver, Paprikapulver
- ☐ Öl, z. B. Olivenöl

Tipps und Extra-Rezepte für Ihre eigenen Pläne

Proteinbeilagen aus Fleisch und Fisch

Die Gerichte im Rezeptteil sind meist vegetarisch gehalten. Mit den Meal-Prep-Fleischzubereitungen kann man allerdings ganz leicht eine Fleisch- oder Fischbeilage dazu kombinieren.

Spieße aus Fleisch und Fisch

Dazu eignen sich nahezu alle Fleischsorten: Fleisch oder Fisch säubern, nach Belieben würzen, mit oder ohne Gemüse auf Spieße stecken und auf dem Grill, in der (Grill-)Pfanne oder im Ofen garen.

Fleisch braten oder grillen

Weitere Vorschläge zum Vorbereiten von Fleisch und Fisch:

1. Hähnchen im Ganzen braten, Fleisch abzupfen und portionieren.
2. Geschnetzeltes Fleisch, Pute oder Hähnchen, mit Gewürzen und Sojasoße marinieren und in der Pfanne braten.
3. Fisch in der Pfanne braten oder im Ofen backen.

Tipps und Aufbewahrung

Für tollen Grillgeschmack und -optik am Herd sorgt eine Grillpfanne!
Im geschlossenen Behälter ist gebratenes Fleisch ca. 4–5 Tage im Kühlschrank haltbar (es kann aber nach mehreren Tagen trocken werden).
Gebratenen Fisch sollte man innerhalb von 1 bis höchstens 2 Tagen verbrauchen.

Gemüsezubereitungen im Ofen

Ratatouille-Gemüse

Bunte Paprika, Zucchini, Aubergine, Zwiebeln putzen, evtl. schälen, waschen und klein schneiden, mit Olivenöl und Gewürzen wie Salz, Pfeffer, Rosmarin und Basilikum mischen und im Ofen garen.

Stärkehaltiges Gemüse wie Süßkartoffeln, Kartoffeln etc.

Stärkehaltiges Gemüse wie Süßkartoffeln, Kartoffeln, Karotten putzen, waschen, evtl. schälen und in Würfel schneiden. Mit Olivenöl, Salz, Pfeffer und Paprika vermischen und im Ofen garen.

Tipps und Aufbewahrung

Das Ofengemüse komplett auskühlen lassen. Für Ofengemüse eignen sich alle Gemüsearten. Man sollte dabei aber darauf achten, Gemüsesorten, die schnell weich werden, etwas größer zu schneiden (z. B. Zucchini) und Gemüse mit einer längeren Garzeit etwas kleiner (Kartoffeln). So kann man alles gleichzeitig auf einem Blech zubereiten. In einem geschlossenen Behälter im Kühlschrank lagern und innerhalb von 2–3 Tagen verbrauchen oder portionsweise einfrieren.

Snacks und Frühstück

Raw Bites

10 Stück
Pro Stück: 80 kcal/2,6 g F/11,2 g KH/2,2 g P

½ Karotte
60 g entsteinte Softdatteln
45 g Cashewkerne
1 TL Zimt
90 g zarte Haferflocken

1. Karotte schälen und klein raspeln.
2. Datteln zusammen mit den Cashewkernen in einen Mixer geben und zu einem Mus pürieren.
3. Karotte, Zimt sowie Haferflocken mit dem Mus vermischen und Teig ordentlich durchkneten.
4. Aus je 1 Teelöffel der Masse mit den Händen eine Kugel rollen. So lange fortfahren, bis der Teig verbraucht ist.
5. Kugeln in Vorratsdose im Kühlschrank lagern. Wenn man die Kugeln schichtet, Backpapier oder Frischhaltefolie dazwischenlegen.

Tipps und Aufbewahrung

Im Kühlschrank halten die Raw Bites ca. 1 Woche.

Cranberry-Chocolate-Porridge-Cookies

Ca. 20 Stück

Pro Stück: 109 kcal/5,7 g F/10,9 g KH/2,1 g P

- 150 g Haferflocken
- 30 g gepuffter Amarant
- 1 TL Backpulver
- 1 Prise Salz
- 80 g (Joghurt-)Butter (Zimmertemperatur)
- 80 g brauner Zucker
- 1 Ei
- 20 g getrocknete Cranberrys
- 30 g weiße Schokoladendrops

1. Haferflocken im Mixer zerkleinern bzw. mahlen.
2. Danach in einer Schüssel mit Amarant, Backpulver sowie Salz vermischen.
3. Butter in einer zweiten Schüssel mit dem Zucker schaumig schlagen, Eier hinzufügen und nochmals kurz aufschlagen.
4. Buttermasse, Cranberrys und Schokoladendrops zur Haferflocken-Amarant-Mischung geben und alles zu einem geschmeidigen Teig verkneten. Teig ca. 1 Stunde im Kühlschrank ruhen lassen.
5. Backofen auf 180 °C Umluft vorheizen.
6. Hände befeuchten und aus dem Teig 40 Bällchen formen. Diese auf ein mit Backpapier ausgelegtes Backblech legen und etwas flach drücken.
7. Cookies 15–20 Min. im Ofen goldbraun backen. Dann auskühlen lassen und in eine Keksdose geben.

Tipps und Aufbewahrung

In der geschlossenen Keksdose halten sich die Cookies bis zu 2 Wochen bei Zimmertemperatur.

Heidelbeer-Pfirsich-Couscous

2 Portionen

Pro Portion: 339 kcal/4,1 g F/64,6 g KH/7,9 g P

- 60 g Couscous
- 90 ml Wasser
- 1 Pfirsich oder Nektarine
- 100 g Heidelbeeren
- 200 ml fettarme Milch
- 1 1/2 TL Zimt
- Vanillepulver (Bourbon-Vanille)
- 4 EL Agavendicksaft
- 1/2 TL Kokosöl
- 1 EL Kokosblütenzucker

1. Couscous in eine Schüssel geben, mit dem Wasser übergießen und quellen lassen.
2. Pfirsich waschen, trocken tupfen, entkernen und Fruchtfleisch in Würfel schneiden.
3. Heidelbeeren waschen und trocken tupfen.
4. Couscous in einem Topf mit der Milch aufkochen lassen. Dann Hitze stark reduzieren, Zimt, Vanille sowie Agavendicksaft einrühren.
5. 2/3 des geschnittenen Pfirsichs sowie 2/3 der Heidelbeeren unter den Couscous mischen.
6. Zugedeckt ca. 15 Min. köcheln lassen, dabei immer wieder umrühren.
7. In einer Pfanne Kokosöl erhitzen und den restlichen Pfirsich zusammen mit dem Kokosblütenzucker darin karamellisieren.
8. Couscous mit den karamellisierten Pfirsichstücken und den restlichen Heidelbeeren garnieren.

Tipps und Aufbewahrung

Couscous in ein verschließbares Gefäß füllen, hält sich im Kühlschrank 1–2 Tage.

Dressings und Dips

Mit ein paar Handgriffen lassen sich aus Resten vom Vortag (z. B. gebratenes Fleisch, Fisch oder Hähnchen, Gemüse etc.) ein leckerer Salat to go oder auch Beilagensalat zum Knäckebrot mit Belag zusammenstellen – ein gutes Dressing dazu und fertig! Weitere Rezepte finden Sie direkt in den Wochenplänen.

Joghurt-Dressing

2 Portionen

Pro Portion: 122 kcal / 8 g F / 7,2 g KH / 4 g P

150 g Joghurt
1 EL Öl (z. B. Olivenöl)
2 EL Essig
$^1/_2$ TL Süßungsmittel (z. B. Vollrohrzucker, Xylit)
Salz, Pfeffer
1 EL Kräuter der Provence

Alle Zutaten in einer Schüssel gut verrühren.

Tipps und Aufbewahrung

Dressing in ein Schraubglas füllen, verschließen und im Kühlschrank lagern. Innerhalb von 4–5 Tagen verbrauchen.

Passt sehr gut zu Gurken und Tomaten.

Zitrus-Honig-Dressing

4 Portionen

Pro Portion: 129 kcal / 11,6 g F / 4,8 g KH / 0,4 g P

1 Orange
1 EL Zitronensaft
1 TL flüssiger Honig
4 EL Öl (z. B. Olivenöl)
1 TL Senf

Alle Zutaten in einer Schüssel gut verrühren.

Tipps und Aufbewahrung

Dressing in ein Schraubglas füllen, verschließen und im Kühlschrank lagern. Innerhalb von 4–5 Tagen verbrauchen.

Passt sehr gut zu Blattsalaten, aber auch zu Quinoa und Couscous.

Kräuterquark

2 Portionen

Pro Portion: 189 kcal / 1,6 g F / 13,6 g KH / 28,6 g P

1 Bund Schnittlauch
1 kleine Knoblauchzehe
400 g Quark
150 g Naturjoghurt
Salz, Pfeffer

1. Schnittlauch waschen und trocken schütteln, Knoblauch abziehen und beides fein hacken.
2. Quark in einer Schüssel mit dem Joghurt cremig rühren und anschließend Schnittlauch und Knoblauch untermischen.
3. Mit Salz und Pfeffer abschmecken.

Tipps und Aufbewahrung

Quark in ein Schraubglas füllen und im Kühlschrank lagern. Innerhalb von 2–3 Tagen verbrauchen.
Schmeckt wunderbar zu gekochten Kartoffeln, auf Brot oder als Dip für Gemüsestifte, Selleriestangen und Co.

Knäckebrot und Cracker

Knäckebrot

10 Scheiben
Pro Scheibe: 136 kcal/6,4 g F/13,5 g KH/5,0 g P

- 100 g Mehl (z. B. Dinkelmehl)
- 100 g feine Haferflocken
- 10 g Chiasamen
- 10 g Sesam
- 20 g Leinsamen
- 50 g Kürbiskerne
- 20 g Olivenöl
- 1 TL Salz
- 150 ml Wasser

1. Den Backofen auf 175 °C Umluft vorheizen.
2. Alle Zutaten in einer Schüssel gut miteinander vermengen.
3. Den Teig auf Backpapier geben, ein zweites Backpapier darauflegen und mit einem Nudelholz ca. 5 mm dünn ausrollen. Das obere Backpapier wieder abziehen.
4. Das Backpapier mit dem Teig auf ein Backblech legen und Knäckebrot 40 Min. im Ofen backen.
5. Nach 15 Min. Backzeit das Blech herausnehmen und den Teig mit einem Pizzaroller in die gewünschte Form schneiden.

Tipps und Aufbewahrung

Knäckebrot in einem luftdicht verschließbaren Behälter aufbewahren. Hält mindestens 2 Wochen.

Dinkel-Cracker

Ca. 20 Stück
Pro Stück: 64 kcal/2,7 g F/6,1 g KH/2,6 g P

90 g Mehl (z. B. Dinkel-Vollkornmehl)
90 g zarte Haferflocken
60 g Weizenkleie
35 g Sesam
35 g geschrotete Leinsamen
1 EL Sonnenblumenöl
500 ml Wasser

1. Backofen auf 170 °C Umluft vorheizen.
2. Alle trockenen Zutaten in einer Schüssel miteinander vermengen.
3. Anschließend das Öl sowie das Wasser hinzugeben und mit einem Löffel verrühren.
4. Die Teigmasse auf einem mit Backpapier ausgelegten Blech verstreichen und im Ofen 45–50 Min. backen.
5. Nach dem Auskühlen in beliebig große Stücke schneiden.

Tipps und Aufbewahrung

In einem luftdicht verschließbaren Behälter halten sich die Cracker mindestens 2 Wochen.

Saaten-Knäckebrot

Ca. 10 Scheiben

Pro Scheibe: 179 kcal / 7,8 g F / 18,7 g KH / 6 g P

- 50 g Kürbiskerne
- 50 g Sonnenblumenkerne
- 200 g Buchweizenmehl
- 6 getrocknete Tomaten
- 4 EL geschrotete Leinsamen
- 2 EL Sesam
- 1 EL Olivenöl
- 1 1/2 TL Salz
- 200 ml lauwarmes Wasser

1. Kürbiskerne und Sonnenblumenkerne zu Mehl mahlen bzw. in einem Mixer fein zerkleinern.
2. Mit den restlichen Zutaten in eine Schüssel geben und den Teig gut durchkneten. Anschließend 30–60 Min. quellen lassen.
3. Backofen auf 200 °C Ober-/Unterhitze vorheizen.
4. Den Teig auf ein mit Backpapier belegtes Backblech geben. Glatt streichen und dann sehr dünn ausrollen (Frischhaltefolie oder Backpapier zum Ausrollen auf die klebrige Masse legen, damit der Teig nicht anklebt.).
5. Die Folie wieder entfernen und den ausgewalkten Teig in etwa 10 gleich große Stücke schneiden.
6. Knäckebrot im Ofen 25 Min. backen.
7. Für die letzten 5–10 Min. die Scheiben mit einem Pfannenwender umdrehen.

Tipps und Aufbewahrung

In einem luftdicht verschließbaren Behälter hält sich das Knäckebrot 1–2 Wochen.

Snacks im Glas

Polenta mit Gemüse

1 Portion
Pro Portion: 533 kcal / 6,5 g F / 95,3 g KH / 14,4 g P

- 80 g Polenta
- 100 g Süßkartoffel
- 50 g Erbsen aus der Dose
- 50 g Mais aus der Dose
- ½ rote Paprika
- 1 Handvoll Cashewnüsse
- 250 ml Wasser oder Gemüsebrühe

1. Polenta in ein Einmachglas füllen.
2. Süßkartoffel waschen, schälen und in kleine Würfel schneiden. Erbsen und Mais in ein Sieb geben, abspülen und abtropfen lassen. Mit der Süßkartoffel und den Cashewnüssen in das Glas schichten.
3. Paprika putzen, waschen, klein schneiden und in das Glas geben.
4. Vor dem Verzehr heißes Wasser/Gemüsebrühe in das Glas gießen und alles ca. 15 Min. ziehen lassen.

Tipps und Aufbewahrung

Grundmischung in ein Schraubglas füllen und im Kühlschrank lagern. Hält sich 2–3 Tage.
Hinweis: Die Süßkartoffel ist roh essbar!

Gemüsereis

2 Portionen
Pro Portion: 260 kcal / 2,2 g F / 49,2 g KH / 7,8 g P

100 g Reis
60 g Zwiebel
Öl zum Anbraten
200 g Zucchini
200 g rote Paprika
350 ml Wasser
1 EL Gemüsebrühepulver
1 EL Essig
Salz, Pfeffer

1. Reis nach Packungsanleitung zubereiten.
2. In der Zwischenzeit die Zwiebel abziehen, klein würfeln und in einer Pfanne mit Öl anbraten.
3. Zucchini und Paprika putzen, waschen, abtrocknen und in kleine Stücke schneiden.
4. Paprikastücke zu den Zwiebeln in die Pfanne geben. Kurz anbraten und mit Wasser ablöschen, das Gemüsebrühepulver einrühren und Essig hinzufügen.
5. Die Paprikastücke 15 Min. bei mittlerer Hitze köcheln lassen, dann Zucchini dazugeben und weitere 15 Min. köcheln lassen. Reis unterheben und alles mit Salz und Pfeffer abschmecken, kurz verrühren und in ein Glas abfüllen.

Tipps und Aufbewahrung

Falls das Wasser zu schnell verdunstet, die Temperatur etwas niedriger stellen oder zusätzlich Wasser hinzufügen.
Gemüsereis heiß in ein Schraubglas abfüllen, abkühlen lassen, im Kühlschrank aufbewahren und innerhalb einer Woche verbrauchen.
Schmeckt sehr gut als warmer Snack, aber auch als Beilage zu Fleisch und Fisch. Auch kalt ein Genuss.

Spaghettisalat

1 Portion
Pro Portion: 374 kcal/21,4 g F/21,1 g KH/20,9 g P

100 g Feldsalat
2 Cherrytomaten
1 Knoblauchzehe
1 EL Olivenöl
125 g Garnelen
Salz, Pfeffer
1 EL Pinienkerne
50 g gekochte Spaghetti

1. Feldsalat verlesen, waschen und trocken schleudern.
2. Tomaten waschen, abtrocknen und in Viertel oder Scheiben schneiden.
3. Knoblauchzehe abziehen und fein hacken.
4. Olivenöl in eine Pfanne geben und Garnelen darin mit dem Knoblauch anbraten. Mit Salz und Pfeffer würzen. Die Pinienkerne kurz mitbraten.
5. Alle Zutaten in ein Einmachglas schichten: zuerst die Garnelen, danach etwas Salat, Spaghetti, nochmals Salat und mit den Tomaten toppen.

Tipps und Aufbewahrung

Salat in Schraubglas füllen und im Kühlschrank lagern. Hält sich 1–2 Tage.
Dazu schmeckt z. B. die Kräuter-Vinaigrette (S. 127) oder ein Dressing nach Wahl.

Übersicht über die Rezepte

Suppen

Hauptspeisen/Beilagen

Hauptspeisen mit Fisch, Fleisch oder Wurst

Salate

Dressings/Dips/Soßen/Pesto

Danksagung

Bianca zeigt mit ihrem veganen Food-Instagram-Account @biancazapatka sowie in ihrem Blog www.biancazapatka.com anhand von schönen Fotografien, wie lecker, bewusst und ausgewogen man sich ernähren kann. Hier ist für jeden etwas dabei, und hier wird garantiert jeder hungrig!

Männer an den Herd! Egal ob vegan oder vegetarisch, süß oder herzhaft – Christopher, auch bekannt als @fussal93 auf Instagram, liebt es, in der Küche mit seinen Zutaten zu experimentieren und seine Kreationen schmackhaft in Szene zu setzen. Sein Motto: Genuss kann auch ganz einfach sein!

Gesundes Essen kann so gut aussehen! Das beweist uns _josfin_ auf ihrem Instagramaccount mit sehenswert angerichteten Kreationen. Sie postet nicht nur ihr leckeres alltägliches Food, sondern präsentiert ihren Followern auch eigene Rezepte, die wie zum Nachmachen geschaffen sind!

Katharina – schnelle, gesunde Fitnessküche für jedermann. Leckereien können gesund sein, und ausgewogen kochen geht auch in der Mikrowelle. Wie? Das zeigt Katharina auf ihrem Fitness-Account bei Instagram @squatsandpeanuts

Mandy zeigt auf ihrem Instagram-Account @mia.mirabelle einfache Rezepte, die leicht umzusetzen und auch noch gesund sind. Hier ist von low carb, low fat bis hin zu vegetarisch und vegan von allem etwas dabei. Zudem werden alle Back- und Kochwerke liebevoll in Szene gesetzt, sodass die Fotos schon Lust aufs Backen bzw. Kochen machen.

Marisa von Marisa's Table zeigt auf ihrem Blog www.marisastable.com und ihrem Instagram-Account @marisastable, wie man sich auch trotz Intoleranzen und Allergien den Alltag versüßen kann. Mit farbenfrohen Bildern, leckeren Rezepten und ganz viel Leidenschaft präsentiert sie wöchentlich ihre liebsten Gerichte und Tipps rund ums Essen!

Ronja Pfuhl aka @miss_gruenkern beweist, dass auch das Auge mitisst. Auf ihrem Instagram-Account präsentiert sie leckere und gesunde Gerichte, die allein schon beim Ansehen Appetit machen.

Dir fehlt die Motivation, dich in die Küche zu stellen und etwas Gesundes zu kochen? Dass dem nicht so sein muss, zeigt Vanessa F. Wie man schnelle und vor allem eiweißreiche Gerichte und Süßspeisen zubereitet, zeigt sie auf ihrem Instagram-Account: @vanessas.gymfood

Über die Autorin

Veronika Pichl, Jahrgang 1980, ist erfolgreiche Buchautorin zu den Themen Abnehmen, Ernährung, Bewegung und Glücklichsein. Sie entwickelt Ratgeber für den riva Verlag und den von ihr selbst gegründeten Happy Fit Food Verlag (www.happyfitfood.de). Im riva Verlag sind bereits die Titel *Chia for fit, Quinoa for fit, Eiweiß for fit, Essen mit Liebe, Klassiker Low-Carb, Ich liebe Kaffee, Porridge – Mehr als nur Frühstück, One Pot Low-Carb* und *Süßes und Desserts Low-Carb* (auch in einer Variante für den Thermomix®) erschienen.

Sie lebt mit ihrem Mann und ihren beiden Kindern im Nürnberger Land.

Bild- und Rezeptnachweis

S. 31/32: Johannisbeer-Granola + Granola-Cookies (Rezept): Vanessa Faschingbauer, #vanvanblabla
S. 33: Erdbeer-Bananen-Smoothie (Rezept): Vanessa Faschingbauer, #vanvanblabla
S. 34: Himbeer-Haferflocken-Smoothie (Rezept): Vanessa Faschingbauer, #vanvanblabla
S. 40/41: Karotten-Fenchel-Curry mit Reis (Rezept + Foto): Marisa Böckler, #marisastable
S. 42/43: Reissalat im Glas (Rezept + Foto): Christopher Breitfuß, #fussal93
S. 45: Süßkartoffel-Muffins (Rezept): Katharina Clören, #squatsandpeanuts
S. 46/47: Süßkartoffel-Couscous-Bratlinge (Rezept + Foto): Vanessa Faschingbauer, #vanvanblabla
S. 48: Sourcream-Dip (Rezept): Bianca Zapatka, #biancazapatka
S. 49: Süßkartoffel-Couscous-Burger (Rezept + Foto): Vanessa Faschingbauer, #vanvanblabla
S. 50: Kartoffel-Karotten-Suppe (Rezept): Marisa Böckler, #marisastable
S. 56: Rote-Bete-Salat (Rezept): Katharina Clören, #squatsandpeanuts
S. 57: Spaghettimuffins (Rezept + Foto): Mandy Brünig, #mia.mirabelle
S. 58: Rote-Bete-Kokos-Suppe (Rezept): Katharina Clören, #squatsandpeanuts
S. 59/60: Tomatensoße stückig + Tomatensuppe cremig (Rezept + Foto): Mandy Brünig, #mia.mirabelle
S. 65: Oatmeal mit Heidelbeeren und Pfirsich (Rezept): Vanessa Faschingbauer, #vanvanblabla
S. 66: Pfirsich-Smoothie (Rezept): Vanessa Faschingbauer, #vanvanblabla
S. 67/68: Ofengemüse mit Quinoa und Kräuter-Feta (Rezept + Foto): Miriam Matin
S. 69: Bananenbrot (Rezept + Foto): Ronja Pfuhl, Food'n Photo, #miss_gruenkern
S. 71: Vanille-Chia-Pudding (Rezept): Vanessa Faschingbauer, #vanvanblabla
S. 72: Apfelkompott (Rezept): Ronja Pfuhl, Food'n Photo, #miss_gruenkern
S. 73: Curry-Quinoa mit dicken Bohnen und Erbsen (Rezept + Foto): Miriam Matin
S. 78: Schokoladen-Chia-Pudding (Rezept): Vanessa Faschingbauer, #vanvanblabla
S. 79: Gnocchi (Rezept): Ronja Pfuhl, Food'n Photo, #miss_gruenkern
S. 85: Smoothies und Shakes (Foto): Vanessa Faschingbauer, #vanvanblabla
S. 86/87: Grüner Smoothie, Erdbeer-Bananen-Spinat-Smoothie, Beeren-Smoothie: (Rezept): Vanessa Faschingbauer, #vanvanblabla
S. 88: Granola Bars (Rezept): Bianca Zapatka, #biancazapatka
S. 91: Ofengemüse (Rezept + Foto): Vanessa Faschingbauer, #vanvanblabla
S. 98: Nuss-Granola (Rezept + Foto): Ronja Pfuhl, Food'n Photo, #miss_gruenkern
S. 99: Overnight Oats (Rezept + Foto): Christopher Breitfuß, #fussal93
S. 100: Quinoa-Spargel-Salat (Rezept): Vanessa Faschingbauer, #vanvanblabla
S. 102/103: Lachs mit grünem Spargel (Rezept): Vanessa Faschingbauer, #vanvanblabla
S. 105: Hummus (Rezept): Vanessa Faschingbauer, #vanvanblabla
S. 106/107: Spinat-Quinoa-Bratlinge (Rezept + Foto): Miriam Matin
S. 108: Burger mit Spinat-Quinoa-Bratling und Hummus (Rezept + Foto): Miriam Matin
S. 110/111: Griechischer Salat to go (Rezept): Vanessa Faschingbauer, #vanvanblabla
S. 112/113: Überbackene rote Linsenpasta (Rezept + Foto): Vanessa Faschingbauer, #vanvanblabla
S. 116: Dinkelnudeln to go (Rezept + Foto): Vanessa Faschingbauer, #vanvanblabla
S. 117: Spinatpesto (Rezept): Vanessa Faschingbauer, #vanvanblabla

S. 118: Couscous mit Spinatpesto (Rezept + Foto): Vanessa Faschingbauer, #vanvanblabla
S. 119: Dinkelpasta mit Spinatpesto (Rezept + Foto): Vanessa Faschingbauer, #vanvanblabla
S. 120/121: Dinkelvollkorn-Wraps mit Lachs-Ei-Füllung (Rezept): Katharina Clören, #squatsandpeanuts
S. 122: Blumenkohl-Couscous-Gemüse (Rezept): Josephin Ritzka, #_josfin_
S. 123: Gefüllte Zucchini-Boote (Rezept + Foto): Vanessa Faschingbauer, #vanvanblabla
S. 124/125: Gemüse-Reis-Pfännchen mit Garnelen (Rezept + Foto): Marisa Böckler, #marisastable
S. 141: Raw Bites (Rezept + Foto): Mandy Brünig, #mia.mirabelle
S. 142: Cranberry-Chocolate-Porridge-Cookies (Rezept + Foto): Vanessa Faschingbauer, #vanvanblabla
S. 143: Heidebeer-Pfirsich-Couscous (Rezept + Foto): Vanessa Faschingbauer, #vanvanblabla
S. 148: Knäckebrot (Rezept + Foto): Ronja Pfuhl, Food'n Photo, #miss_gruenkern
S. 149: Dinkel-Cracker (Rezept + Foto): Mandy Brünig, #mia.mirabelle
S. 150: Saaten-Knäckebrot (Rezept): Katharina Clören, #squatsandpeanuts
S. 151: Polenta mit Gemüse für unterwegs (Rezept + Foto): Christopher Breitfuß, #fussal93
S. 152: Gemüsereis (Rezept): Josephin Ritzka, #_josfin_
S. 153: Spaghettisalat (Rezept + Foto): Mandy Brünig, #mia.mirabelle

S. 10: Daxiao Productions/shutterstock.com; S. 12 oben: kostastudio/shutterstock.com; S. 12 unten: Slipper Prince/shutterstock.com; S. 13: Stokkete /shutterstock.com; S. 14: George Rudy/shutterstock.com; S. 15 oben: JRP Studio/shutterstock.com; S. 15 unten: VICUSCHKA/shutterstock.com; S. 17 oben: Ulf Wittrock/shutterstock.com; S. 17 unten: Tarasenko16Dima/shutterstock.com; S. 18 oben: Joe Gough/shutterstock.com; S. 18 Mitte: Family Business/shutterstock.com; S. 18 unten: Artbox/shutterstock.com; S. 19: Oleksandra Naumenko/shutterstock.com; S. 20: BravissimoS/shutterstock.com; S. 21 oben: Tatiana Vorona/shutterstock.com; S. 21 unten: AnjelikaGr/shutterstock.com; S. 22: 3xy/shutterstock.com; S. 32: Geshas/shutterstock.com; S. 33: Gayvoronskaya_Yana/shutterstock.com; S. 34: Gosia Zet/shutterstock.com; S. 44: iMarzi/shutterstock.com; S. 45: Vezzani Photography/shutterstock.com; S. 48: nelik/shutterstock.com; S. 50: photogal/shutterstock.com; S. 56: Timolina/shutterstock.com; S. 58: ziashusha/shutterstock.com; S. 61: Antonio Gravante/shutterstock.com; S. 65: nadianb/shutterstock.com; S. 66: yingko /shutterstock.com; S. 70: vkuslandia/shutterstock.com; S. 71: saschanti17/shutterstock.com; S. 72: Brent Hofacker/shutterstock.com; S. 78: Elena Veselova/shutterstock.com; S. 79: aisen_stock/shutterstock.com; S. 88: baibaz/shutterstock.com; S. 89: Super Mah/shutterstock.com; S. 90: Gang Liu/shutterstock.com; S. 92: A. Zhuravleva /shutterstock.com; S. 94: Magr/shutterstock.com; S. 95: Avesun/shutterstock.com; S. 100: vanillaechoes/shutterstock.com; S. 101 oben: mama_mia/shutterstock.com; S. 101 unten: Oleksandra Naumenko/shutterstock.com; S. 103: Timolina/shutterstock.com; S. 104: Magdanatka/shutterstock.com; S. 105: Vladlena Azima/shutterstock.com; S. 111: Olga Miltsova/shutterstock.com; S. 117: Nataliya Arzamasova/shutterstock.com; S. 121: VICUSCHKA/shutterstock.com; S. 122: Natalie_Barth/shutterstock.com; S. 126: Silatip/shutterstock.com; S. 127: Elena Veselova/Shutterstock.com; S. 137: stockcreations/shutterstock.com; S. 138: Alexander Prokopenko/shutterstock.com; S. 139: travellight/shutterstock.com; S. 140: Megan Betz/shutterstock.com; S. 144: Elena Veselova/shutterstock.com; S. 147: HandmadePictures/shutterstock.com; S. 150: Iuliia Kudrina/shutterstock.com; S. 152: vkuslandia/shutterstock.com